新装版

「遊ぶ」が勝ち

為末 大
元陸上選手

684
中公新書ラクレ

新装版まえがき——賢い生き方は、「遊び」を持つことである

東京オリンピック・パラリンピックが半年に迫った頃から、僕のツイッターにオリンピック強化選手とおぼしきアスリートから心境を吐露するメッセージが届くようになった。2週間に1通ぐらいのペースなのだが、読むと、どれも苦しそうだ。「もう（重圧に）耐えられません」というような内容もある。

僕自身にも同じような経験があるので、その思いは痛いほどわかる。もし僕に言えることがあるとすれば、「難しいかもしれないけれど、問題をあまり真正面からとらえず、視点を変えるといいのではないか」という提案だ。たとえば「いま自分がこだわっている問題ってそんな大切なのか？」ということを問い直してみるのだ。

スポーツというと、険しい表情で練習を積み重ねるイメージが強いかもしれない。しかし、

「陸上競技場」を英語で言えば、“playground”であるし、「スポーツをする」も英語ならば、“play tennis”“play baseball”と、“play”が使われることが多い。元をただせば、スポーツの本質は「遊ぶ」ことにあるのだ。スポーツを原点に返ってとらえ直すことで、見えてくる景色や気分が変わって、肩の力がスッと抜けるのではないかと思っている。少なくとも僕はそうだった。

遊びが必要なのは、スポーツだけではない。ビジネスにおいても、遊びを採り入れたほうが、時代の変化にうまく対応できるのではないだろうか。

仕事で経営者と会う機会が多いが、新しいことを生みだす人は、「余白」を持っているような気がする。余白とは何かと言えば、「遊び」である。

ビジネスだから効率を求められる部分は当然ある。そこは徹底するのだが、効率一辺倒ではないのだ。イメージとしては2割ぐらいは、〝面白そう〟とか〝これがあったら楽しそうだな〟と思ったことに着目してサーチしたり、体験したりしている。それが将来的に仕事になるかどうかはあまり重視しない。楽しそうだからやるという、本能的な動機だ。たとえて言えば、子どもが積み木をしていて、この上にもう一つ積み木を載せたら、どんな形になるだろうとワクワクしながら遊んでいる。そんな感覚に似ているだろうか。

不確実性の面白さ。失敗したっていい。試行錯誤すること自体が楽しい。

遊びは、日常の仕事に追われて、固まりそうになっている発想を柔らかくして、新しいものが生まれる環境をつくってくれる。遊ぶことが、人の可能性を広げてくれるのである。

遊びの何がすごいかと言えば、人を夢中にしてくれたり、我を忘れて没頭させてくれるからである。陸上選手の頃を振り返っても、夢中で競技に取り組めているときに、それまでいくら努力してもできなかったことが、できてしまった経験がある。夢中というのは、立ちはだかっていた壁を一瞬にして突破できる力を与えてくれるのだ。しかも、そのとき競技の本質、深い部分に触れることができる。アスリートとして一つ上のステージに行けるのである。

「努力」よりも、「夢中」が勝るのだ。

仕事の世界でも同じではないか。遊びで夢中になることに身を置く中で、ずっと解決できなかった問題をブレイクスルーできるかもしれない。遊びを採り入れることは、じつに賢明な生き方であるということが、この本を通して伝わるとしたら本望だ。

『「遊ぶ」が勝ち』を上梓したのが2013年。文字通り、遊びの大切さを書いたのだが、

7年たったいまは、当時よりも遊びをとりまく状況は悪くなっているような気がする。効率的にまじめに、ということを求められる圧力が強くなっているようだ。

この本は、『ホモ・ルーデンス』という、遊びを哲学的に考察した名著の内容を引きながら書いた。陸上選手として行き詰まった僕に、遊ぶことの大切さを教えてくれた愛読書なのだが、意外だったのは、茶の湯をはじめ日本人は遊び上手だったという記述である。そんな日本人の姿は、近代化する過程で薄れていく。

しかし日本人のDNAのなかには、遊ぶ心が絶対に眠っているはずである。それを今一度、呼び戻そう。本書がそのきっかけになってくれたら嬉しい。

2020年2月

為末 大

目次

第4ハードル 教養から遊びへ 133

新装版
「遊ぶ」が勝ち

助走路

遊びって何だろう？

僕は二度、銅メダルを獲った。

２００１年と２００５年の世界陸上で、競技は４００メートル・ハードル。

銅メダルだから、世界で３番目に速かったことになる。

日本人として初めての快挙だった。

僕は、世界一を争うレースの中で、勝負に臨んできた。


スポーツ選手にとって勝つことは、究極の目標だ。

ゆるぎない目的だ。

一般的に、そう信じられている。

たしかに陸上選手の僕も、長い間、「勝てなければ走る意味がない」と本気で信じていた。

「結果を出せるからこそ走る意味がある」と、当然のように考えていた。


もし、速く走れなくなったら……？

その時は、引退しかない。

当たり前のことだった。

20代半ば、走っても走ってもハードルで良い成果が得られない、という残酷な時期が訪れた。

結果が出ない。

しかし、それでもなぜか走ることをやめなかった。

「次こそ良い記録を」と思いながら走り続けた。

準備に余念なく、コツコツとトレーニングを重ね、工夫を凝らした。

それでも、記録は出ない。


やってもやっても、結果に結びつかない。

にもかかわらず、走ろうとしている自分がいた。

いったいなぜなのか。

どうして、陸上を続けているのか。

なぜ、結果が出ないのに走るのか。

そもそも僕は本当に走りたいのか。

自問自答した。

走ろうとしている自分。
走りたいんだ、と思っている自分。
そういう自分自身が、なんだかいちばん不思議だった。
走る。ただ走る。
また走る。
その時、僕の中にあったのは、
腹の底から沸いてくる喜び。
嬉しいという感覚。
ワクワクする感じ。
まるで、小学生のような。
今この瞬間を、ただ無邪気に味わっている。
これって、すごく大事なことじゃないか。
そう気付いた。

結果が出せるから走るんじゃない。

ただ楽しいから走るんだ。

世界の見え方が転換した。

遊びとは、**「はっきり定められた時間、空間の範囲内で行なわれる自発的な行為もしくは活動である。それは自発的に受け入れた規則に従っている」**（73頁）
『ホモ・ルーデンス』という本にそう書いてあった。
そうだ、スポーツと遊びは似ている。

□

20代の半ば頃、『ホモ・ルーデンス』という本を友人に勧められて手にとった。

ドイツ人の歴史・文化史家、ヨハン・ホイジンガという変わった名前の人が書いた本だった。僕はそれまでそんな本が存在することすら知らなかった。

ちょうど海外遠征に出かけるタイミングだったし、文庫本という手軽さもあって、旅のトランクの中にその本を投げ込んだ。

外国に滞在すると、不思議と読書に集中できる。それは僕だけでなくて、多くの人が実感している経験だと思う。

海外へ行くと、溢《あふ》れかえるような日本語の情報に取り巻かれた生活から切り離されて、空白のような時間を持つことになる。本を読むようになるのは、そんな空白のせいかもしれない。

文字が小さくて分厚く、ちょっととっつきにくい印象の翻訳本『ホモ・ルーデンス』のページを、僕は素直にめくることができた。

何ページが読み進んだ時、あっ、と思った。

見過ごすことのできない、何か重要なヒントが、この本の中にあるのでは……。そう直感したのだ。僕は、むさぼるようにして活字を追いかけていった。

『ホモ・ルーデンス』は、スポーツや陸上やトレーニングに関して書かれた本ではない。人間そのものについての本だ。もう少し言えば、「遊び」というものを哲学的に考察した本だ。

たとえばこんな一節がある。

われわれ人間はつねにより高いものを追い求める存在で、それが現世の名誉や優越であろうと、または地上的なものを超越した勝利であろうと、とにかくわれわれは、そういうものを追求する本性をそなえている……そしてそういう努力を実現するために、人間に先天的に与えられている機能、それが遊びなのだ。（『ホモ・ルーデンス』１６７頁）

これって、スポーツそのものじゃないか。

大切なことを、実に正確に言い当てているじゃないか。

僕はそう直感した。


「人はなぜスポーツをするのか」ということが不思議だった。

いったいなぜ、人はこうもスポーツに熱中するのか。

なぜ、０・０１秒という微細な速度の違いを競いあうのか。

競いあっているスポーツ選手を見て、世界中の人たちがものすごく熱くなり、必死に応援し、歯ぎしりをして悔しがったり、ワクワクして手を叩いたりするのはなぜなのだろう。

素朴で本質的で、単純だけれど深い問いかけに、この本は見事に答えていた。

競技を続けていくと、いろいろな風景が現れては消えていく。風景は次々に変わっていく。

スタートは「走りたいから走る」という世界だった。

それがやがて、「走ると女の子にモテる」「走れると進学できる」という世界になった。次に「プロになればお金が儲《もう》かる」「勝てば名誉が手に入る」「有名人になる」という世界へと変わっていった。

そしてとうとう、「手に入れたものを失うのが怖い」という世界が到来した。

自分では明確に意識していなかった。けれども、その時すでに「結果を出せるから走る意味がある」という、そもそものモデル自体が崩れてかけていた。

それでも走った時、別の風景が見えてきた。

走る根本には、喜びがある。

そのことが見えたから、競技生活晩年の僕はなかなか記録が伸びない中でも競技生活を続け、走り続けることができた。

遊びについて考えることは、僕にとって、生きることについて考えることと同じだ。
いつも傍らに「楽しい」感覚を持っていたい。
だから、遊ぶ心を忘れたくない。

遊びって何だろう?
遊びは真面目《まじめ》と対立しない。

遊びの中で〈私〉が消える瞬間がある。

遊びは不確実をともないがちだ。
遊びは義務化された瞬間に消える。
遊びは失われやすい。

遊びは善悪を超える。
遊びは価値に縛られない。
遊びを共有すると距離が縮まる。
遊びは自由である。
遊びの目的はそれそのものにある。
遊びは自発的である。
遊びは……楽しい。

そう、「遊ぶが勝ち」なのだ。

ホイジンガ著『ホモ・ルーデンス』について

❶概　要

「遊び《ルードゥス》」の面白さは独自のもの、人類文化の根幹たる美的形式を支えるもの――遊びの中で、遊びとして、「文化」は生まれ、発展したことを、文化人類学と歴史学を綜合する雄大な構想で論証し、遊びの退廃の危機に立つ現代に冷徹な診断を下す、20世紀最大の文化史家の記念碑的名著。中公文庫版の初版は1973年（単行本初版は1963年）で、15万部を超えるロングセラー。

❷ヨハン・ホイジンガ略歴

オランダの歴史家。1872年生まれ。フローニンヘン大学教授、ライデン大学教授などを歴任。主著に『中世の秋』。1945年没。

❸目次

＊なお、本書の引用は、中公文庫版『ホモ・ルーデンス』（ホイジンガ著・高橋英夫訳）にもとづいています。

第1ハードル

スポーツと遊び

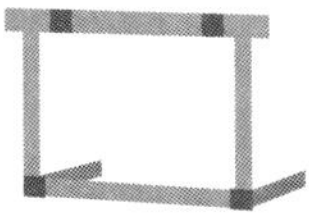

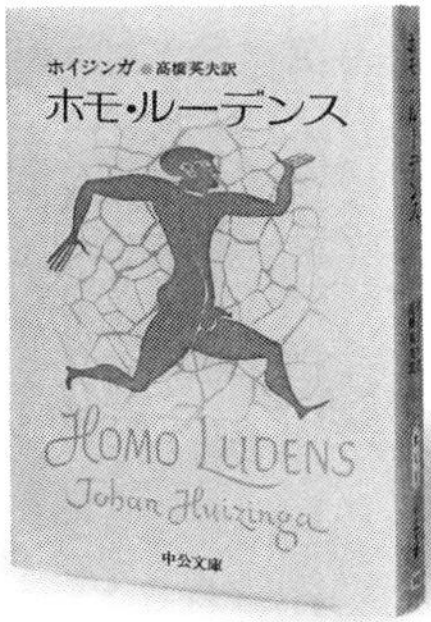

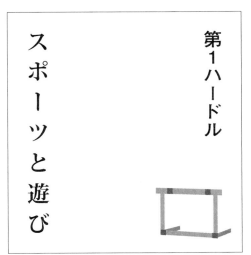

遊びの「面白さ」は、どんな分析も、
どんな論理的解釈も受けつけない。

ホイジンガ

何も考えずに遊んでいる時間が好きだった。
ホイジンガのこの言葉に出合った時、「遊び」の面白さと、僕の「走る原点」とが重なった。たしかに、どんな分析も、どんな論理的解釈も受けつけない、純粋な「瞬間」がある。
スポーツの面白さは、遊びに通じている。

為末 大

1●1　陸上競技と遊び

瞬間の輝き

30年近くも前のことなのに、忘れることのない瞬間がある。

くっきりと細部にまでピントがあった映像が、僕の中に残っている。

小学校低学年の運動会の場面だ。

トラックのまわりには、ズラリと子どもたちの父母や祖父母たちが立っている。

ビデオカメラを手にした父親の姿。子どもをだっこする母親。近所のおじさんおばさん、おじいちゃんおばあちゃん。

みんなが、グラウンドの小学生たちに、声援を送っている。

小学生の子どもにとって、一年で最も晴れやかな舞台だ。

その日、僕は50メートル徒競走に出場した。

ピストルが鳴ると、僕の身体はバネのように反応して、ぐんぐん加速していく。

まるで風を切るかのように、猛ダッシュ。

僕の身体が、横に並んでスタートした同級生を思いっきり引き離していく。

差が大きく開き、独走状態になった。

空気が頬や腕にあたる感触が、いつもとまったく違っていた。

「今日はすごく速く走れている」ことが、すぐにわかった。

滑らかで、まるで空気の中を滑走していく感じ。それは決して、僕だけの自己満足ではなかった。本当に「小学生らしくない走り」で、スピード感に満ちていたのだろう。見物人の大人たちの表情が、そのことを示していた。

みんなが口をあんぐりと開け、ポカンとしながら僕を見つめていたのだ。

そう、見物人たちは、あっけにとられていた。

走る、走る、走る。

風のように。風を切って。風に乗って。

僕は、心の底から嬉しくなった。自分が、すごいスターになったかのように思えた。

人々の驚きと注目とを、小さな身体が、一心に受け止めていた。

自分が「走る」というただそれだけのことが、こんなにも人を驚かせることができるなんて、すごいことだと思った。理屈も分析も必要なく、ただただ輝いていた瞬間……。

僕の原点には、今でもあの運動会の風景が横たわっている。

小学生には走れっこないという速度で、走ってしまった。人々の中にある思い込みや自己規制や限界線を揺さぶって、書き換えてしまった。あっと人が驚いてしまうようなことをやってしまった楽しさ。みんなに、ワクワクすることを見せる嬉しさ。それによって、みんなの中の何かが変わっていく、不思議な面白さ。

30年以上前の風景は、今思い出しても心の画面にくっきりと浮き立つ。

この風景は、僕自身の「走る原点」だ。

これまでの僕の陸上選手としての人生と、これから僕が進んでいくその先の未来とを指し示してくれている、輝ける瞬間の風景だ。

「だれよりも速く走れる」自分を捨てる

運動会のあの風景のように、無垢な喜びをバネにして僕は陸上競技を始めた。

実際に僕の足は、同年代の子どもに比べてとても速かった。

走れば走るほど、面白いように記録が出た。小学校4年の時には、広島県大会の100メートルで優勝することができた。

走ると記録がどんどん更新していく。子どもだった僕が、走ることにハマらないはずがない。毎日毎日、走るのが楽しくて仕方がなかった。

中学3年生の時には100メートルと200メートルの短距離走で、日本一になった。

僕は、同じ世代の子どもの中で、日本一速く走ることができるという素晴らしい栄冠を手にした。中学を卒業するまでは、そんな調子で、次々に新記録を出すことができた。短距離走の選手として、スムーズに成長していった。僕は陸上選手としては早熟だったのだろう。言ってみれば小・中学生の時にすでに、短距離走者としての一種のピークを迎えていたのかもしれない。

しかし、あるピークに到達したとすれば、次に下り坂がくることは決まっている。

高校時代に入ると、状況が少しずつ変わっていった。精いっぱい頑張って走っても、かつてのように何の摩擦も問題もなく記録を塗り替えることができなくなったのだ。1年下の選手に追いつかれるようになった。何くそと頑張っても、勝てないレースが出てきた。

伸び盛りのライバルに負ける、という悔しさに直面するようになった。

想像してみてほしい。いつも1番だった者が、2番になる、ということを。

それは、半端ではない屈辱感だ。

高校生の僕には、とても残酷な体験でもあった。

表彰式の時にいつもいちばん高い段に立っていた自分が、一つ低い、2位という段に立たなければならなかった。それなら、走らないほうがよかったという気持ちすら抱いたほどだ。

こんなはずじゃないのに、という焦り。

これまでに感じたことのない苦しさが生まれてきたのは、その頃だった。

だれにも負けたことがなかった僕は、追いつめられた。

「100メートルという種目をあきらめるように」と先生に言われた。

短距離走をやめる。

大げさではなく、僕はある種の絶望感に包まれた。

日本一になった。「だれよりも速く走れる」という自信もあった。そんなアイデンティティを、捨てざるをえないなんて……。

早くも高校3年生、10代の時に、絶望の淵に立たされることになった。

視点を変えた時、世界が変わった

高校3年の時、インターハイでは「400メートル」にエントリーした。

短距離走をあきらめた僕は、走る距離のほうを延ばして競技に参加したのだった。

運良く、その大会で優勝することができた。

しかし、小学生の時のように、ただ楽天的な気分で走り続けるわけにはいかなかった。頭の片隅には、危機感があった。走れば走るほど輝かしい未来が拓《ひら》けるという呑気《のんき》な気分を、素朴に信じることができなくなっていた。「いずれはもっと速く走る選手が出てきて、短距離同様に追いつかれてしまうのではないか」という予感がしたのだ。

それならば、絶対的な強者で居続けることができる種目はないだろうか。

もっと自分に向いている種目が、他にあるのではないか。

もっと、勝つ確率の高い競技は……。

大会で他の種目を観察しているうちに、「ハードル」という選択が僕の頭の中に浮上してきた。これなら、身長が低い僕でも、つけ入る余地があるのではないか。手足の長い欧米人より、日本人に向いてはいないだろうか。

ハードルは、競技人口が少なくて、まだ工夫したり細かく競技技術を詰めていくことができる余白があるのでは……。

次の国体で、直感を信じ、本当に４００メートル・ハードルに出場した。

格段の練習もせず、しかも初めてのレースだった。それなのに、なんと「49秒09」という高校生新記録・ジュニア日本記録を出してしまった。

たぶん、僕の身体や走り方の特性に、ハードルという競技がものすごく適していたのだろう。日本新記録というだけでなく、それは当時の「世界ジュニア歴代2位」というすごい記録だった。

この記録は、いったい何を意味するのか。

自分でもその時、十分には理解できていなかった。それに、素晴らしい記録が出たからといって、すんなりとハードルに移行できたわけではなかった。

僕にとって、短距離走とハードルとは、まったく違う競技だったからだ。「速く走る」価値を追い求める世界と、10台も並ぶ障害物を上手に跳び越えて記録を競うという競技とを、同じ価値として受け入れられなかったのだ。

何よりも、短距離走に未練があった。

ハードルに転向することに対して、「逃げた」という後ろめたさや、「短距離走をあきらめた」というマイナスの感覚がつきまとっていた。

気持ちを切り替えることが、難しかった。

そもそも「足が速い」という自分のアイデンティティを、そう簡単には捨て去ることは、僕にはできなかったのだ。

高校を卒業して法政大学に進んでも、心の中での葛藤は実はまだ続いていた。

今思えば、大学の4年間はその葛藤に悩み、それに何とか決着をつけるための時間だったのかもしれない。

「仮置き」「仮決め」があっていい

振り返ってみると、当時はっきりしなかったことでも、今になって見えてくることがある。

人生において、自分が最も得意だと思ってきた道を、もし変更しなければならない瞬間が来たら、その人はどうしたらいいのだろうか。

僕にとっては短距離走だった。

僕はそれまで、「100メートル走こそ陸上種目の王道」であり、「速く走る」ということが最大の価値だと思い込んでいた。話を野球に置き換えればわかりやすいかもしれない。小さい頃から野球がうまいと言われる選手は、たいてい4番でエースピッチャーだ。陸上では、それが100メートル走者なのだ。

だから、１００メートルをやめてハードルへ転向するということは、僕にとって消去法的な選択だった。苦しくて辛い選択だった。

しかし、本当にそうだったのだろうか。

自分の理想から「逃げ」て、「仕方なく」ハードルをやるはめになってしまったのか。

ある時、ちょっと視点をずらしてみた。

ハードルを選ぶと、僕は世界のどこに位置できるのだろうか。

世界との距離という、違う視点から自分自身を眺めてみた。

この僕でも、世界を狙うことができる場所があるのではないか。

実際に自分の記録を見ると、世界ランキングの上位だった。

その自分の記録を、世界に投げ込んで客観的に眺めた時、別の自分が見えてきた。

そうだ。短距離走にこだわってきたけれど、僕にとっての究極の価値とは「１００メートル競走」を速く走ることではなかったはずだ。

「世界の舞台に立つ」こと。

世界陸上やオリンピックの競技で、「いちばん高い表彰台に立つ」こと。

視点を変えた時、はっきりとその目標が見えてきて確認できた。

それならば、ハードルに取り組めばいいのではないか。

その瞬間から、ハードルに対して熱中できるようになっていった。

自分の中にある固定観念、思い込み、価値の枠組みを組み替えたり、転換することはなかなか難しい。特にスポーツ選手は、「始めた以上はやり通せ」ということを常に言われて育っていく。その考え方が染みついて、なかなか疑うことができない。途中変更することは目標をあきらめることで、いけないことだと思い込んでいる選手も多い。

でも、本当に一つの目標を固く決めつけて死守する必要が、あるのだろうか。

人生には、「仮置き」や「仮決め」という選択があってもいいのではないか。

もちろん、真面目に一本の道をつきつめることも大切だろう。でも、どうしてもうまくいかない時には、少し視点をずらしてみたり、大胆に組み替えたりしてみることも、また大切な方法ではないかと思う。

少し視点をずらして、別のところから物事を見てみると、自分のこだわりから抜け出すことができる。今自分がやっていることを、距離をもって観察することができる。引いて自分を見ると、凝り固まってこだわってきたことの矛盾が現れてくる。たいしたことではないんだとか、もっとこれができそうだという、別な道や新しい可能性が見えたりする。それで急に気持ちが楽になったり、作業がスムーズになったり、以前よりも大きな力を発揮できる自分を発見したりする。

悩みというものの多くは、視点が固定されていることから生まれる。だとするなら、悩んでいる人は特に、「引く」とか「ずらす」という遊びの感覚を駆使して距離を取り、自分の中に「余白」や「ゆるみ」や「隙間」を作っていくことが大事だと思う。

最近、就活中の学生から相談を受けたりすることがよくある。

そんな時、すごく悩んでいる人に向かって「君のこだわっていることって、そんなに大事なのかな」と一言返すと、突然、ストンとその人の中で憑《つ》き物《もの》が落ちることがある。

僕にとってハードルの可能性は、別の「仮置き」や「仮決め」に挑戦することができたことから膨らんでいった。その時に何よりも重要だったのは、今から思えば「真面目」に一つのテーマにかじりついている自分を捨てることができたことだろう。

視点をずらすという「遊び」感覚によって、僕は新しい世界を拓いていった。

1-2 記録と遊び

見知らぬ母と出会った日

世の中に、絶対揺るがないものは、そう多くない。

ある場所のある時間、こういう役割をするという決め事があったとする。だがそれは、永遠不動というよりも、「仮決め」「仮置き」のような、その時だけの決め事であることが多い。世の中は、たしかにある種の約束事で成り立っている。

それらの約束事や決まりは、生真面目で堅く揺るがないもののように見えるけれど、実は一つが動くと全体がズレてしまったり、形が一気に崩れたりしてしまうこともある。約束や決まりとは、そんな脆弱さ、あいまいさを抱えている、案外にゆるいものなのかもしれない。

そう気付いたきっかけがある。

幼い時のことだ。同級生に会いに行く母に連れられて、僕は喫茶店に出かけた。待ち合わせの喫茶店に入った瞬間。母の姿を見た友だちが、いきなり「まき！」と呼んだ。「荒巻」という旧姓だった母は、どうやら高校時代に「まき」というあだ名で呼ばれていたらしい。

母は、友だちに向かって嬉しそうに手を振った。

その時、幼い僕は、母の顔を見上げて、ものすごくびっくりしたことをよく覚えている。

なぜなら、母が、いつもの母の顔ではなかったからだ。

まるで高校生の少女のような顔に変わって見えたからだ。

僕の知っている母ではなくて、まったく別の顔をしている母。

その時、気付いた。

母親というのも、一つの役割に過ぎないんだということを。

物事には、いくつもの側面があるんだ、と。

子どもながらに、この人は僕に対して母親という顔で接しているけれど、状況が変わると別の顔をした別人になるんだと知った。

目の前の世界は、一時的な約束事で回っているに過ぎない。

幼い少年の僕は、ちょっと繊細で早熟だったのかもしれない。

そのことに気付くと、中には哀しくなったり空しくなるタイプの人もいるかもしれないが、僕はそうではなかった。

世界の深淵なる秘密が、一つ解き明かされたような気がした。

むしろ、ワクワクしたことを覚えている。

社会を成り立たせているルールやさまざまな役割を、ちょっと突き放して観察し、「でもそれがすべてじゃない」と距離を取ってみたとしたら、どうだろう。

もし、目の前の光景が「仮」の姿だとすれば……。

重要な課題をやり遂げられなかったとしても、別の方法が見つかるだろう。

人生は、概ね何とかなるものだ。

そんな楽天的な発想が、アスリートとしての自分を支えてきたのかもしれない。

ある役割があった時、人はそれに対応して演じる。

「演じる」は、英語で言えば「ＰＬＡＹ」だ。

この言葉を噛《か》みしめてみると、実に面白い世界が広がっていく。

「遊ぶ」もＰＬＡＹだし、「競技する」のもＰＬＡＹ。音楽を演奏することもＰＬＡＹ。英語で陸上競技場は、play ground。「遊び場」と一緒だ。僕らが考えているスポーツ競技も、本質的なところで「ＰＬＡＹ」に通じている要素がたくさんあるように思う。

競技には、パフォーマンス的な部分がたくさん含まれている。

たとえば、人前で磨きあげた自分の身体のすごさを観客に披露する。普通の人ができないようなすごい技を、競技場という舞台の上で「見せつける」。スポーツの実況中継で、「役者が揃った」とか「勝負の舞台」という言葉を頻繁に使うのも、そんな舞台演劇的な要素を、スポーツから連想するためだろう。

スポーツ競技とは、ワールドレベルの大会に出て勝利を手に入れたと思っても、次のレースでどん底に落ち、栄光を失ってしまう世界だ。良い時と悪い時とが激しく繰り返される。どんなに過酷であっても、「まあ何とかなるさ」と楽天的な気分に切り替えて前に進んでいくことができたのは、スポーツの中に「ＰＬＡＹ」の側面を見つけることができたからかもしれない。

「何かのために」走ってはいけない

競技生活を長く続けていると、モチベーションがだんだんに高まっていく時と、反対に落ちていってしまう時とを調整していく必要が出てくる。

モチベーションが高まる時とは、どんな時なのか。

何か法則のようなものが見つかるだろうか。

自分の中から自然と「やりたい」という意欲が出てくるのは、どんな状態の時だろう。自分に起こる変化について、僕は観察を続けてきた。その経験から、いくつか見えてきたことがある。

たとえば、自分の見込みで「このぐらいいけそうだ」という読みが、「みんなが期待している」という値とぴたりと合致している時、モチベーションは高く意欲的になる。あるいは、周囲の期待よりも自分の期待値のほうが高い時も、やる気がいい感じで高まっていく。反対に、世間の人々からの期待値が高くなってしまった時は、やらされ感、義務感が大きくなっていく。「何かのために」「日本にとって重要な役割」といったような使命感に、自分が縛られてしまうこともある。

2000年のシドニー・オリンピックは予選で敗退したが、2001年にエドモントンで開催された世界陸上では銅メダルを獲ることができた。47秒89という記録は日本新記録で、陸上の世界大会のトラック競技では、日本人初のメダルを獲得することができた。

もちろん、僕にとっても最初の輝かしき銅メダルだ。

一瞬、僕のまわりは宴《うたげ》のような世界になった。

みんながすごく褒めてくれて、たくさん人から声をかけられ、メディアの取材が殺到した。

『徹子の部屋』のゲストにまで呼ばれたりした。一種の、メダルバブル状態だった。しかし、それは長くは続かなかった。次の目標は何ですか、何色のメダルですか、という問いかけが始まる。

メダルを獲ることは、僕にとって大きな目標だった。獲るまでは、それはすごくインパクトのある目標で、深い意味があることだと思えた。積み重ねてきた悩みや疑問が、さっと一気に消えるだろうと思っていた。だが、いざメダルを獲ったその瞬間から、何かが変わった。

次もまた、メダルを期待されるようになった。今度は銀だ金だと、周囲の期待は大きく膨らんでいった。そして、次から次へと課題が外から課されるようになった。世の中から、大きな声援が寄せられるようになった。みんなが「勝ってくれ」と言う。「僕が勝ちたい」のではなくて、「勝ってほしいと言われるその声に応えなきゃ」「結果を出すために確実な練習をしなきゃ」と思い始めた。

僕は、いつしか何のために走っているのかがわからなくなっていった。

走るモチベーションの源になるものについて、悩んだ時期だった。

選手は、競技を持続していく自らの活力を、どこから得ればいいのだろうか。

この課題は、決してスポーツの世界だけに必要とされているテーマではないだろう。仕事や学習といった外から期待されること、他からの要請で行うことに共通するテーマだ。こうした期待や要請に活力を持って取り組むことは、どこまで可能だろうか。

こうした取り組みに、「遊び」の要素はなかなか入りにくい。

反対に、自分から自然に始めたことなら、どうだろう。自分から飛び込んでいった能動的な作業ならば、人は「遊び」の感覚や楽しさを持ちやすい。クリエーターやアーティストが、仕事をしている時でさえ遊び感覚に満ちて楽しそうに見えるのも、きっと同じことなのだろう。実際にはいろいろな苦労や雑事や悩みを抱えているにもかかわらず、なぜか外部にそう感じさせないのは、そこに何か理由があるからだ。

クリエーターやアーティストの多くは、自分から選んだ道を仕事にしている。

人は、自発的にやっている仕事なら、そこに何らかの楽しさを見つけられるはずだ。

遊びには、どうやらそうした自発性というものが、深く関係していそうだ。

『ホモ・ルーデンス』には、こんなことが書かれている。

命令されてする遊び、そんなものはもう遊びではない。（29頁）

また、こんな一節もある。

すべての遊びは、まず第一に、何にもまして一つの自由な行動である。（29頁）

「よし！　今日もグラウンドに行くぞ」という自発的な気分と、「今日もグラウンドに行かなくては」と思う義務的な気分とでは、ほんのちょっとの違いのようでいて、実に大きな違いがある。

「したい」と「しなくては」。

その間にある、とんでもない差。

「自発的でなければ楽しくない」ということは、「義務化されたとたんに楽しさは消える」ということでもある。

子どもたちが砂場で好きなものを作っていた時はいきいきしていたのに、「毎日1時間、砂場でお山を作りなさい」と命令されたとたん、それが楽しい遊びでなくなってしまうのは、同じ理由ではないだろうか。

「何かのために走ること」の限界。

もっと自分の内側から自然に沸き出てくる純粋な気持ちで走りたい。理由もなく、ただ走りたい、という気持ちがなかったら、この先は戦い続けられない。その頃からだった。

「たかが陸上じゃないか」「べつにハードルで勝ってもたいした意味はない」「ただ楽しいから走っているんだ」という思いが、僕の中に芽生えてきた。

そうは言っても、記録を競う競技をやめたわけではなかった。そんな中でモチベーションを創り出し維持していくことは、なかなか難しい。たとえば良い記録が出たとする。でもその記録は、簡単に言えば一瞬にして「過去の栄光」になる。そのあとは延々と、自分の最高記録と向き合って、それを超えなければならない試練が続く。

記録は、未来の自分の首を絞めるものでもあるのだ。

僕の場合、自己最高記録を23歳の時に出してしまった。そうなると、あとは記録との戦いばかりになった。過去にとらわれると、人は不自由になる。記録に対して、いつも「足りない自分」になってしまうのだ。

追いつき、追い越さなければならない壁。

常に、「ねばならない」という課題。

押しつけられたような重たさ。そのネガティブな雰囲気から何とか逃れたいと思った。どうやったら脱出できるか。もっと自由な感覚を取り戻すために、どうしたらいいのだろうか。

一つの答えは、見えていた。

もう一度、自由になるためには、いったん過去の栄光を捨てることから始めるしかない。

あの記録は「なかったこと」として、また一から、ゼロから、スタートし直すしかない。

しかし、その思いを固め、実践できるまでには、かなり時間がかかった。

1-3 トレーニングと遊び

スランプ脱出の鍵

遊び感覚とか、楽しい気持ちの大切さについて、ここまでいろいろ語ってきた。

では僕が、結構楽しむことができた選手なのかというと、必ずしもそうではなかった。

実は、僕の大学4年間は、ほとんどがスランプの中にあったからだ。

これまでの人生の中で一番長くて辛い、きつい時期だった。
スランプに入ってしまうと、余裕がなくなる。
やることなすことが、裏目に出る。
「こうかな、ああかな」と考えても、なかなかうまくいかない。
うまくいかないから、今度は「考えないようにしよう」と思う。
そう思ってもまた、ぐるぐると考えてしまう。
「考えるな」と自分に言い聞かせると、「考えないということを考えて」しまうのだ。
長くて暗いトンネルの中で、悶々とし続けた。
とうとう、考えすぎて、どうやって走っていたのかさえわからなくなった。
スランプから脱したい。
何でもいいからそのきっかけを摑《つか》みたい。
とにかくやったことの無いことを、いろいろと試してみるしかなった。
最初は、練習の量が足りないと思い、量をものすごく増やしてみた。
しかし、あまり変化はなかった。
次は、量ではなく、技術を追求してみた。

スピードさえ磨けば前の状態に戻るのではないかと思い、スピードを上げるための走り方を工夫したのだ。スポーツ選手のタイプには、一つには練習をたくさんやれば速くなるという世界観を持つ人がいる。その一方で、量をこなさなくても技術を追求すれば速くなるという理論追求型、効率化型もいる。

僕はその両方を試みてみた。

それでも満足のいく結果は出なかった。

今いる場所が、「これから結果が出る」という待ちの状態なのか、それとも成果が出ていないのかさえ、判断がつかなかった。

それでもコーチや指導者について、指導をしてもらおうという選択はしなかった。不安になるたびに、いろいろなトレーニングや身体の本を読んだり、専門家に話を聞きに行ったりした。それでも、だれか一人のコーチに自分の指導の全権を委ねるという選択肢は、僕にはなかった。だれかの方法に従ってやるタイプではないということが、自分でわかっていたからだ。

でももし、この大学時代に記録が伸びなかったら、あとは引退するしかなかった。社会人選手として競技を続ける道が閉ざされるからだ。

瀬戸際だった。

時間がない中で、焦りばかりがつのった。

いったい何が功を奏したのかは正確にはわからないけれど、何とかスランプを脱するきっかけになったことがある。

それは、ちょっと風変わりなトレーニングだった。

最初のヒントは、ボールにあった。

ある時、ボールを使ったらどうかなと試してみた。ボールはちょっと触るだけであちこちへと動く。そのボールをどう扱うか、足で上に上げる、止める、といった動作を課題にすると、ボールの動きに気持ちが集中し、「これからどうしよう」といった余計なことを考えなくて済んだ。

ふと、自分を忘れている自分がいたのだ。

そうか。モノを、何か対象物を使ってトレーニングをしてみよう。

ボールの次に、鈴を持って走ってみた。

音が鳴ると、そこに意識が向くからだ。

考えることをやめて、とにかく鈴の音だけを聞いた。

チャリン、チャリンという音に耳を澄ませながら、走ってみた。

すると、音というものの存在感が思っていたより大きいことに気付いた。鈴の音をしっかりと聞く。鈴の音についてだけ考える。

何かに集中することと反比例して、焦りが少しずつ後退していきスランプの状態がちょっとずつ改善してマシになっていった。

鈴の次に、足音が気になり始めた。

そこで、自分の足音にだけ注意して走ってみた。

その次は、腕のことだけ。紐《ひも》を持って走る。手の幅が一定になるような仕掛けを作った。

クラシックバレエも試みた。自分の身体の軸が曲がっている気がしたからだ。ヒップホップもやった。関節の稼働率がたしかに上がった。

そんなふうに、一つのテーマを設定し、それだけに集中して他のことは考えないようにしていった。

少しずつ身体が動き始めた。

要するに、一つ一つ「自分」という意識を消していくことを試みていった。

それが積み重なっていった時、スランプから離脱するきっかけを摑むことができたということだったのだろう。

「考えない」ということは、人にとってものすごく難しい。

しかも、重要なポイントだ。

そんな〈忘我〉状態になることへの、ヒントがある。

子どもが遊んでいるの見ると、何も考えず遊びの世界に没頭しきっている。自分が遊んでいるということすら忘れてしまって、ただワクワク楽しい時だけを過ごしている。そんな時間が、あっという間に通り過ぎていく。

そうだ、小学生の時の自分だって、そうだったではないか。

ただ何も考えずに走った。ただただ楽しいというだけで走っていた。

僕は運動会でダントツだった、あの瞬間を思い出していた。


遊びの「面白さ」は、どんな分析も、どんな論理的解釈も受けつけない。（19頁）

そして、ホイジンガと重なった、あの瞬間のことも。

僕は、統計的な理論や積算とは別の世界で試行錯誤していくうちに、徐々にスランプを脱していった。

大学４年の頃には調子が上向いてきて、良い記録が出るようになった。

そして２０００年、大学４年生の時に、シドニー・オリンピックの日本代表選手に選ばれ、世界への切符を手にすることができたのだった。

ZONE――私が消えてしまう瞬間

スランプでもがいている時には振り返る余裕はなかったけれど、今、いろいろなことに気付きはじめている。

たとえば、「考えないでいる忘我の状態」は「ZONE《ゾーン》」という言葉とともに、あちこちで耳にするようになった。科学的に解明する試みも始まっている。

ZONEという状態になると、ものすごくいいパフォーマンスができてしまう。そうした特別な時間というものが、僕にもあった。その時の状態を何となく流してしまうのではなく、しっかり観察して抽出してみたいと思った。そんな目的もあって、ZONEを意識してみた。

とてもいいパフォーマンスができた時や、良い記録が出た時には、自分についての意識や、だれかに見られているという意識がなくなっている。いわば自意識から解き放たれ、勝手に身体が動いてくれる。

「期待に応えなきゃ」「みんなが応援してくれてるから」「失敗したらどうしよう」といった雑念がまったくない時間。「やるしかない」という開き直りと「今できることだけをやる」というシンプルな集中ができていて、自分自身を何かに委ねてしまえる感覚。意図やコントロールとはちょっと別次元の状態だ。

この状態に入ると、自分の意志によって身体に指令を出すのではなくて、ごく自然に、滑らかに身体が動いていく。僕の身体を阻害するものが何もない、という感じ。それを僕はZONEととらえている。

きっと、超集中状態なのだろう。

とにかく、良い結果が出た時の自分の感覚が、いつもそんな感じなのだ。

では、どうすればZONEの状態に入れるのか。

どうも、そこがはっきりとはわからない。

もしかしたら、寝入る間際に似ているかもしれない。

リラックスして布団に入って、さあ、今この瞬間に寝ようと思っても、人は意志によって寝ることはできない。ただ、結果として「寝ていた」ということでしかない。そんな感覚だろうか。

僕の場合も、ZONEの状態で走っていた時に良い結果が出ていた、という感じでしかないのだ。

何かに自分を《委ねる感じ》。

能動的というより、自分を他や環境に投げてしまう感じ。

本当に遊びの感覚が強くなってくると、たぶん、そんなふうになってくるのだと思う。

ZONE状態になると、自分の存在自体が消えてなくなり、周囲の環境に対応してどんどん変わっていく自分になっている。ZONEは《夢中》ということとも、どこか似ている。

素潜りの専門家に「ブラックアウト」について話を聞いたことがある。

潜っている最中に、何かパニック的な状態になってしまって、酸素を一気に使って意識が飛んでしまうことを「ブラックアウト」と言う。

なぜ、そんな状態になってしまうのか。その原因の一つは、先を考えて恐怖を感じたり、急がなければと慌てたりすることにある、という。人が不安を抱いたとたん、脳は一気に大量の酸素を消費してしまい、結果的に「ブラックアウト」を引き起こしてしまうらしいのだ。

そうなるのを防ぐためには、淡々と心を静かに落ち着かせて、先への想像を膨らませず、ただ今この瞬間に必要なことをやる。

僕の仮説では、余計なことを考えて不安な気分になればなるほど、脳が余計に酸素を消費してしまうのではないかと思う。だから今、この瞬間だけに夢中になることができれば、呼吸も一定になり余計な酸素も使わずに済み、結果的に、身体は安定する。

怖くてその先を想像したりすると、素潜りだけでなく、たいていの物事はうまくいかなくなる。不安な状態では良い結果が出ない。当たり前のようだが、反対に自分が楽しい状態を保てると、余計な酸素も消費せず、身体的にもいいパフォーマンスができる、ということかもしれない。

1 4 オリンピックと遊び

国を背負う義務感に呑まれそうになって

僕が初めてオリンピックに出場したのは、2000年に開催されたシドニー大会だった。何とかスランプの長いトンネルを脱して、日本での選考レースを勝ち抜き、掴んだ切符だった。

世界を狙うという目標の一つに、やっと近づいた気がした。

シドニー・オリンピックの会場は、実に独特な雰囲気が漂っていた。

もちろん僕にとって初めての大きな海外試合ということもあったのだが、国の代表として行くオリンピックという意味あいも大きかった。

いくらマイペースでいようと考えても、ついつい大会の迫力に呑みこまれそうになってしまう。他のレースと比べて「国を挙げて応援する」というプレッシャーがものすごく大きく重たくも感じた。

いつのまにか、心の余裕と余白が無くなっていった。

良い結果を出さなければならないと、固くなってしまいそうな雰囲気だった。

中には、《結果を出さなければという生真面目化》や《必ず勝たなければという義務化》というプレッシャーによって、いつも以上の力が出るというタイプの競技者もいるだろう。でも、多くの選手は萎縮してしまい、いつもの力が出しにくくなってしまう。

当時は、今とはずいぶん雰囲気が違っていた。

選手が「オリンピックを楽しんできます」と言うことなんて、許してもらえない雰囲気もあった。実際、「楽しんできます」と言った選手に、ものすごい批判が集まったりしていた。

もともと、国なんて背負えるものではないはずだ。

ところがオリンピックに出ると、つい背負わされてしまうのだ。

オリンピックとは、そうした雰囲気を漂わせている、怖い場所でもあった。

出場選手へのインタビューでは、決意表明とでも言えるような言葉が求められていた。多くの選手から発せられる「結果を出すべきだ」「良い結果を残さなければ」という言葉を聞くたびに、こっちの心もますます緊張していった。

勝負に負けた時、「申し訳ない」と口にする選手もいた。

公には、そう表明してもいい。裏ではちょこっと舌を出しながら、表でそう語る分には心配はいらないだろう。だが、心の底から結果について「申し訳ない」と思い、謝罪してしまうのは、ちょっと違うのではないか。そういう発想は、選手として危ないのではないかと僕は思っていた。

負けた選手だって、子どもの頃は楽しく楽しくてしようがなかった時代があったはずだ。負けた時は、そういう原点に立ち戻ったほうが、今後の結果はいいものにつながるはずだ。それなのに、真剣に反省をしたり謝罪したりするタイプの選手には、次にスランプが口を開けて待っていたりする。それは、僕自身にもそういう要素があったからこそ見えてくる姿だった。

一方で、オリンピックの選手村ではいろいろな発見があった。日本選手団の外に出て、外国選手の言葉や雰囲気やノリを見ていると、日本人と外国人のものすごい違いが見えてきた。

海外の選手たちには、国を背負っているという悲壮感が少なかった。むしろ「楽しんでやっている」ように見えた。

その姿は「自分らしくそのまま行きゃいいよ」というノリに近い。もし、本当に苦しくなった時は、天を仰いで祈るだけ。神に自分を預けるような、そんな人もいた。なんともシンプルなのだ。失敗に対しても、ネガティブなイメージがなく「また次にやればいい」みたいな感じだろうか。チャレンジすることに価値がある、という選手も多かった。

「国を背負わない」外国人たちが、結果的にはいきいきと楽しく良い記録を出していた。その結果、国の代表という責任も果たすという、ちょっとパラドックスを感じる光景もずいぶん目の当たりにした。

世界の一員になりたい

オリンピックの会場で、日本一という自分の位置が、すごく小さく見えた。

「あ、日本一っていうのは全然一番じゃないじゃん」と、素直に思えた。

オリンピックはそれまで頭では知っていたし雑誌で読んで、ビデオも観ていた。しかし、それらを体験することとは、リアリティが全然違うのだ。初めての世界大会が、そのことを実感として気付かせてくれた。

オリンピックは輝かしい晴れの舞台だった。

でも僕個人の成績は、予選敗退という無惨な結果に終わった。

このまま日本の環境の中でトレーニングを続けるのではなく、自分の場所を変えてみることが必要だなと切実に感じた。

日本人はよく、「日本から世界へ」という言葉を使う。「世界の」という言葉の中には、日本は実は含まれていない。暗黙のうちに、「日本対世界」という対置の構図で見てしまっている。

ところがアメリカ人は、「US vs World」などとは言わないし、イギリス人もフランス人も、世界と自分とを対置しない。それは、自分がすでに世界の一員であるという意識があるからだ。

僕も世界の側に混じりたいと思った。

そのためには、日本を出なければ始まらない。

環境を変えることが必要だと感じた。

オリンピックの翌年から、僕は海外レースに参戦するようになっていった。

最初に、ローマで試合に参加した時は、嬉しくてしようがなかった。「世界」の側に自分も混じったという気がしたからだ。

国際グランプリのレースでは、予選と準決勝はなくて、いきなり決勝を走る。ハイレベルなメンバーと一発勝負できることが面白かった。勝つと賞金がもらえる。観客が見に来るいわば一種のショーで、試合に負けることは何のリスクにもならない。いくら負けても、キャリアには一切響かない。ただ賞金がもらえないだけだ。

海外レースに参加していると、ふっと自由になった感じが得られた。

僕にとって、最初の大実験は、「ハードルに転向すること」だった。

その大実験の中で、小さな実験を繰り返した。その舞台が海外レースだった。トライ＆エラーを繰り返し、「変わったことをちょっとやってみよう」と小実験を繰り返した。

たとえば、こんなことを試みた。ハードルとハードルの間のタイムを「タッチダウンタイム」という。その3台目と4台目の間を、いつもより速く走ってみようとか、こっちのほうは遅くしてみようと試してみた。ハードルの跳び方をいつもと変えてみたり、歩数を変えたりしてみた。あるいは、左で跳んでいたのを右に変える、という実験もやった。

そして「思いどおりに走ったのに、結果が思わしくなかったのは、そもそもあの仮説が間違っていたのかな」などと、結果について検証する。

失敗もある。そもそもコンセプト自体が間違っていたりすることもある。細かい実験が失敗しても、べつに新聞に載るわけではないし、報道もされない。だから、だれも知らない。海外レースでは、為末大という役割も演じなくていい。スターでもチャンピオンでもなくて、ただ「東洋から来た、走る人」に過ぎない。だから、楽だった。

日本国内では、カッチリと生真面目に日本選手権等の2~3試合だけに出場した。あとは海外レースに、年に多くて15本、少ない年で8本くらいは出た。ピーク時は日本で1割、海外レースに9割の時間と労力を費やした。

そうしていると、また走ることが楽しくなってきた。

日本の場合、スポーツは真面目な努力の積み重ねとか、健全な心身の発達とかいう話につながっていく。「スポーツはしょせん遊びです」なんてちょっとでも口に出して言おうものなら、あちこちから怒られる。今は時代が変わってきたけれど、少なくとも僕が陸上競技を始めた頃はそんな「固い」空気が漂っていた。

努力を実現するために、人間に先天的に与えられている機能、それが遊びなのだ。
（167頁）

ホイジンガのこの言葉に『ホモ・ルーデンス』で出合った時、その言葉がとても衝撃的で、魅力的で、僕への力強いメッセージなのだと感じて感動した。

スポーツの根っこには、間違いなく楽しさと遊び感覚があるはずだ。

そして、自分が競技を続けていくためには、この楽しさを殺してしまっては絶対にだめなのだ――そう、何千回も何万回も実感してきた。けれども、それを言葉に出して肯定できたのは、この本に出合ってからだった。

僕の気持ちは大きく変わっていった。

一言で言えば、素直に「遊び的感覚」を肯定することができるようになったのだ。

僕の中で「走る」ことと「遊ぶ」ことは、どこかでつながっていた。その確信が、『ホモ・ルーデンス』によって、さらに強く確かな哲学になっていったのだった。

インターバル1

『ホモ・ルーデンス』――スポーツの楽しさを再認識

日本のスポーツには、なんだかちょっと、視野が狭くて息苦しいところがあるように思う。特に五輪種目になっている競技では、人々の関心が記録や競争の結果に偏り過ぎている。五輪のたびにメダルの数を他国と比べているところなど、その典型だろう。

競争に勝つことはむろん大切だが、スポーツは本来、「遊び」から始まったもので、楽しいからやるものだ。そのことを思い出させてくれるのが本書で引用している『ホモ・ルーデンス』。スポーツや哲学、芸術など人間の多くの文化が遊びから発生したということを教えてくれる。

僕自身も、陸上のハードル選手として現役の頃、「走りたい」のか「走らなきゃいけない」のかがわからなくなることがあった。そんな時にこの本を手にすると、「走るのが好き」な自分の原点に戻ることができた。原著は1938年に出されている。スポーツの世界の先輩たちにこの本を読んだ人は多い。

スポーツの競技会は、いわばお祭りだ。「僕はこんなに速いんだぞ」という見せびらかしごっこのような側面もある。日本でも、こんな感覚でスポーツを無邪気に楽しむ文化が醸成できたらいいと思う。世界的に見て、日本はスポーツをする30代以上が少ない。勝ち負けと関係のないスポーツの種類も足りない。

第2ハードル
身体を遊ぶ

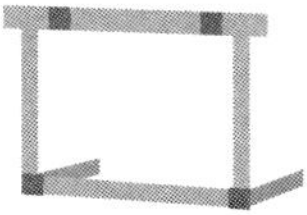

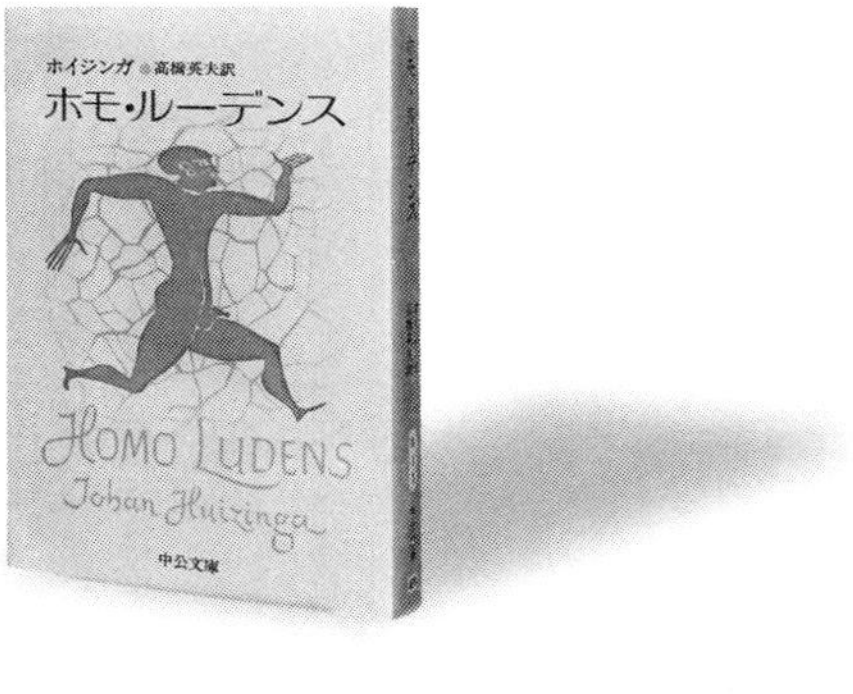

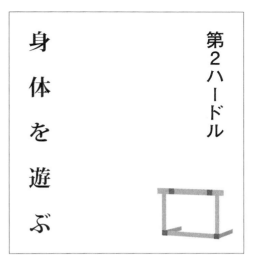

われわれは遊びもするし、
それと同時に、自分が遊んでいることを知ってもいる。
ホイジンガ

子どもの時から、遊ぶことが好きだった。
ただ遊びに没頭するだけでなく、
遊びについての新しいルールや方法を
考え出していくことが大好きだった。
僕にとってはそれが「自分が遊んでいることを知っていく」
ためのプロセスだったのかもしれない。

為末 大

2-1 子ども時代の遊び方

身体感覚がものさしになっていく

たしかに、「走ること」と「遊ぶこと」はつながっている。

前章で僕は、そう書いた。

では僕は、走ること以外に、いったいどんな遊びをしてきただろう。

あらためて幼い頃を振り返ってみると、やっぱりというべきか、自分で自分の身体を探るような遊びが大好きだったことを思い出す。

たとえば、椅子でグルグルと回転した直後に、走ってみたりすること。

足もとがフラフラして目眩《めまい》がして、妙な感じに包まれた。

その「へんな感じ」が、なんだかすごく面白くて仕方がなかった。

だから、何回も何回も飽きもせずに繰り返した。

不思議な目眩感を、僕は全身で味わっていたのだろう。

たとえば、小さな川の向こう岸にジャンプする、という遊びも好きだった。

どれくらいの川幅なら問題なく向こう岸に着地できるのか。どれくらいの川だと、飛びきれなくて足が水に入ってしまうのか。いろいろとやってみた。

トライ&エラーを繰り返して、自分で自分の身体の限界を探っていく。

頭上の枝に飛び上がって手でタッチするとか、石と石の間を飛ぶとか、テーマを設定しては、それを自分の身体を使ってクリアしていく遊びに熱中した。

試したり繰り返したりしていくうちに、「あ、この高さは飛べないな」「この川なら飛び越えられる」と、可能性の先が測れるようになってくる。何メートルなら飛ぶことができるという「数字」ではなく、まさに体感的に直感的に、正確に判断できるようになっていった。

それは、自分の身体がものさしになっていく感覚だった。

そんな遊びが大好きだった。

走ることについても、いろいろ工夫をして遊んだ。

友だちが漕ぐ自転車と僕が走るのとでは、どっちが速いだろうか。

では、犬と僕とが競走したら？

自転車を、犬が引っ張ったら？

レースの仕方を、いろいろと変えて競った。

「走る」ことは、実にシンプルな動作だ。でも少し工夫をするだけで、変化をつけることができる。だから、いろいろと考えてみた。

たとえば「変形スタート」遊びもやった。

でんぐり返しをしてから、30メートルをダッシュしてみた。

ちょっとした変化をつけただけなのに、ただ走ることとはまったく違う体験になることが、不思議だし面白かった。

何回かやった後に、今度は、最初にダッシュして最後にでんぐり返しをするパターンで試してみた。走って勢いがついている分、でんぐり返しの回転速度も上がり、全体として速くなるのではないか、と想像したのだ。

そんなふうに、一つの方法を同じように繰り返すのではなくて、別のやり方もあるんじゃないかと考えて、少しずつ変えていく。考えたことをまた自分の身体で試してみる。その結果をまた、新しい遊びにしてみる。

子どもの時にやったトライ&エラーの楽しさが、アスリートとしての自分自身の土台にもなっているのではないかと思う。

遊びの領域のなかでは日常生活の掟や慣習はもはや何の効力ももっていない。われわれは「別の存在になっている」のだし、「別のやり方でやっている」のだ。（40頁）

『ホモ・ルーデンス』の中にそんなくだりがある。

遊びの中では、ルールの変更は自由にできる。ちょっと約束事を変えてみたりすることで、別の楽しさ、別のワクワク感が生まれてくる。新しい可能性が見えてきたり、新鮮な発見がある。

ハードルと僕との出合いも、そうだった。

ハードルと身体感覚

高校3年生の時、一つの競技に出合った。

初めて、世界ジュニアの大会で「ハードル」という種目を見た。

ハードルと聞くと何となく、『走る種目』だと思い込んでいる人が多い。たしかに陸上競技で、かつ走る速さを競うのだからそう思われがちだ。

でも、大会の会場で見たハードルという競技は、僕の目にはちょっと違うものとして映った。「走る」というよりも、「足を合わせる」ことを競っているのではないか。初めて見たハードル競技は、そのように見えた。

４００メートルの距離に10台のハードルが並んでいる。それぞれのハードルをうまく飛ぶには、踏み切る足の位置がハードルに近すぎても遠すぎてもいけない。速度をつけて走ってきて、かつ、上手に踏み切る。距離とタイミングをぴたりと合わせることが選手には求められる。

「歩数を合わせて飛ぶ」という技術、技巧がものを言いそうだと僕には感じられた。もし、そうならばいろいろと工夫ができそうだ。

ハードルに取り組もうと考えた動機の一つは、そのあたりにあった。

１００メートルの速さを競う場合は、足のストライド（歩幅）やピッチ（回転）が決め手になる。

では、ストライドやピッチは何で決まるのかというと、適正な身長と筋肉の質、身体能力が基本になる。努力や練習を重ねることで走る技術を高めることはできるが、ズバ抜けて身体能力が高い選手に対して、技術でカバーできる領域というのは残念ながら大きくはない。

一方、ハードルは、いくつもの障害物を越えながら速く走ることが求められる。だから、複数の要素が掛けあわされて、初めて良い記録が出る。いわば「あわせ技」によって結果を導き出していく競技だ。

たとえ歩数を決めても、その時の条件でうまくいったりいかなかったりする。向い風だったり、足もとがすべったり、怪我《けが》をしていたり、実にさまざまな要素で、歩幅というものが変化してしまうからだ。それを微妙に調節しつつ、上手に踏み切って、できるだけスピードを落とさずにハードルを越えていく。だから、単なる「速さ」だけでは勝てない。

僕は、そうした細かい工夫が得意なタイプだった。

だとすれば、ハードルという種目なら世界で戦えるのではないか。

海外の選手を見ていると、ハードルとハードルの間の歩数にバラつきがあってびっくりした。世界大会に出るレベルの選手だというのに、緻密に計算しているようには見えなかった。ただ感覚的に走っているだけ、という印象を受けた。

ハードルには未知の領域が残されている。研究の余白がある。自分ならその余白を埋めることができるかもしれない——そんな予感がした。

幼い頃、遊びの中で川を飛んだり枝に向かってジャンプしたりした。

高い場所から飛び降りたりしながら、身体感覚を探っていた。

遊びながら、自分に適したやり方を見つけて課題をクリアしていくゲーム感覚。あの遊びのプロセスが、ハードルという競技の中でも活かせそうな気がしたのだ。

結果から言えば、その読みは的中した。

人が夢中になるスイッチを探す

僕はガキ大将だった。

外で身体を使って、いつまでも遊んでいた。

遊ぶことが大好きだったけれど、遊びの「ルール」を考え出すことも大好きだった。近所の子どもたちと遊ぶ時は年齢がバラバラで、中には小さい子もいた。そうなると、みんなで楽しく遊ぶためには、ちょっとした工夫が必要になる。

たとえば、ドッジボール。

その日のメンバーによっては、ボールを投げることよりも、ぶつかるのを避けることを面白がっていたりする場合がある。ならば、陣地の面積をもっと狭くして人を密集させ、「ボールをよけるスリル」を大きくしてみたらどうだろう。そんなことを考えながら、ルールを変更していった。

ボール1個を使うドッジボールと、2個使うドッジボールとでは楽しさが違う。参加している顔ぶれによって、その都度やり方を変えてみることも試みた。何かを変えてみると、不思議に新しい楽しさが発見できた。課題が簡単すぎても面白くないし、難しすぎても盛り上がらない。みんなが面白いと感じているポイントを探り、それが強調される方法を編み出した。それでも盛り上がらなかった時は、家に帰ってから失敗の原因を考えたりした。

今日の遊びが面白かったかどうかという責任を、なぜか自分が負っているという意識があった。今の言葉で言えば「ファシリテーター」のような役割をしていたのだと思う。みんなが無邪気にやっている遊びを、一歩外から眺めているような、もう一人の自分が遊んでいるようなところがあった。

だからこそ、気付いたことがある。

ルールを変えることで、遊びは変わる。

それは「遊びをデザインする」という楽しさだった。

われわれは遊びもするし、それと同時に、自分が遊んでいることを知ってもいる。（21頁）

ホイジンガのこの言葉は、遊んでいる自分自身を観察するもう一つの目があることを教えている。

遊びの中で僕は、自分が面白いだけではなく、「みんなが面白がることって何だろう」ということを自分自身のモチベーションにしていた。

それは、今も変わらない。

「人が面白がることって何だろう」と考えて、人が面白がるような仕組みを企画化し、イベントを開催したりすることが、だから僕は大好きなのだ。

人が夢中になるスイッチを探すことが、仕事につながったらいいなと思う。

2-2 成長と遊び

練習メニューを自分で組み上げる

小・中学生の頃はどんどん伸びた。

走れば走るほど、僕は速くなっていった。

どうやったら、次にもっと速くなるのかを追求していくことの繰り返しだった。ちょうどピアノを習いたての子どもが、短い曲を弾けた時、次はもっと難しい曲を弾きこなしたいと挑戦していく、あの感じだ。

僕は、ステップアップしていく喜びに満ちていた。

中学時代は陸上部の河野裕二先生が、練習の目的や練習パターンを教えてくれた。

たとえば、スタートダッシュが５本、ハードルを10回。２００メートルを８本などのメニューを用意してくれた。

そして、10種目ぐらいのトレーニングを組み合わせたサーキットトレーニング。

あるいは、30～40分の坂道をジョギングで走る練習。

普通なら、そうしたメニューを先生が組み合わせて計画を練り、選手は提示された練習メニューに沿ってそれをこなす。それで精いっぱいだ。

しかし、河野先生は、メニュー作りそのものにも関わらせてくれた。中学生がゼロからすべてをデザインするのは難しい。だからまずはメニューを知り、いくつかのトレーニング方法の型を学び、その型の組み合わせを自分で考えていった。

「方向性はいいけど、続くと頑張りきれない」とか、「簡単すぎてつまらない」とか、メニユーの組み合わせを自分なりに検証しつつ、修正していったのだ。

河野先生は、僕が組み上げた計画を、基本的にはやりたいようにやらせてくれた。そして要所要所で「量が多すぎる」とか「年齢的に早すぎる」というブレーキを踏んでくださった。

すでに設計された枠組みの中で遊ぶのが好きな人もいる。

一方、全体の枠組みそのものを設計するのが楽しい、という人もいる。

僕は、明らかに後者のタイプだろう。

引退するまでコーチに全権を委ねることがなかった理由も、そこにある。

「こうやったら自分が頑張れそうだ」という微妙な加減は、他人にはなかなかわかりにくい。

また、河野先生はよく「心」「体」「技」の三角形について話をしてくれた。

心の土台に体は支えられていて、体の土台に技術が支えられているということだった。いわゆる「強い気持ちが大事なんだ」といった精神論ではなく、「面白いと思ってやりさえすれば続く。続きさえすれば身体が覚え、それなりの技術レベルに到達することができる」というコンセプトだった。


遊びは真面目に転換し、真面目は遊びに変化する。（32頁）

このホイジンガの言葉は、河野先生の練習の仕方に重なってはいないだろうか。

噛みしめれば噛みしめるほど、その深さが感じられる言葉だ。

型から外れる方法

日本の教育は、枠組み自体について考えたり創ったりすることをしない。

新しい枠組みを提示することなく、与えられたフレームの中でいかに効率的に課題を進めていくか、いかに早く目標に達成できるかを競うことが多い。あらかじめ決められていた型にはめられ、それを破れないまま成長が止まってしまう子どもたちもたくさんいる。

日本のスポーツ界も、教育と同じように選手を型にはめ込もうとする。

自分の身体感覚より、頭の知識や判断を信頼しているために、身体が感じていることに気付けなくなっているケースというのもよく見かける。

もし、「型にはめる」教え方をするならば、絶対に必要なことが一つある。

それは、「型を脱する」方法も、一緒に教えなければならないということだ。

型にはまったまま逃れられずに競技人生を終えていく人が、そうではない道を進むためには、自分自身に語りかけるタイミングを持つことが大切だ。別の仕方で、同じことを試してみることが大切だ。型から一歩出るための具体的な方法を一緒に教えることが、型を習得していくためにも大切なことなのだ。

日本人のスポーツ選手は、大学までは順調に伸びていくけれど、そこから成長が止まってしまうタイプが多い。その原因の一つは、それまでに多彩な身体経験をしてこなかったからかもしれない。

早い時点で一つの競技に絞りこんで、それだけをやってきている選手が多いのも日本の特徴だ。たとえばアメリカの選手は、多種多様なスポーツを体験してきてアスリートになっていく。ロシアでは体操が基幹スポーツなのでみんなが経験するが、そこから枝葉があちこちに伸びていき、まったく違う競技に取り組んでいくパターンになっている。

そういう自由度や広がりは、貴重な体験になっているだろう。

競技に直接的には役に立たなくても、身体の中にできあがったさまざまな運動感覚が、役立つことがある。将来、選手としてのレベルが高くなってきて「もう少し別の動きを加えたい」などと思った時に、身体の中にすでに引き出しがあるととても楽なのだ。

僕自身の経験では、中学生の頃にやったハンマー投げの感覚が、思わぬ場面で生き返った。

大人になってから始めたゴルフのインパクトに、ハンマー投げの感覚があまりにもぴたっと似ていてびっくりしたのだ。また、サルサを習いに行った時、高跳びの最後の踏み切りとサルサが似ていることを知った。自分の中にすでにある運動感覚は、何十年たってもしっかりと記憶されていて、風化しない。一度自転車に乗れたらずっと乗ることができるのと同じだ。

河野先生は、とにかく基礎を固めることが大切だと言った。そして、走ること以外の基礎として、砲丸投げや棒高跳び、幅跳びなど8種目を練習に盛り込んだ。

今の言葉で言えば、クロストレーニングだ。

直接自分の競技種目に関係なくても、いろいろなトレーニングで身体を動かす神経を作っておく経験を蓄積させてくれた。運動神経は、10歳の頃までが開発されやすい年齢だと言われている。神経や感覚の根幹となる土台は、大人になってから新たに作ろうとしてもなかなか難しい。

自転車のペダルを漕ぐ時は、景色に没頭している時のほうが速く漕げたりする。意識で身体を動かすよりも感覚的に身体が動いてしまうほうがスムーズだという一例だろう。

2◉3 演じることと遊ぶこと

仮面の効力

僕には妹と姉がいて、小学校高学年ぐらいになるまで一緒に遊んでいた。幼い頃の男の子は、身体のぶつけ合いから遊びが始まっていくことが多いけれど、女の子の場合は、人形遊びやおままごとに熱中するパターンが多い。同じ遊びでも質が違う。

人形遊びやおままごとは、いわば役割を演じたり、即興劇的な面白さを味わっているとでも言えるだろうか。

「それらしく見せかけて演技しているもの」とすぐ見てとり、子供に特有な能力で、ただちにそれに対してどういうふうな態度をとったらよいかを「心得て」しまう。（65頁）

ホイジンガが言うように、子どもはおままごとの中で、自分の役割をとっさに察知し、即興で演じて楽しむ。役を演じている自分、いろいろな役に変わっていく複数の自分を楽しんでいるのだろう。

僕は身体に興味があると同時に、「演じること」についてとても興味がある。

「演じる」ということは、もう一人の自分になるということでもあるからだ。

外見を変えることで、周囲の反応が大きく変化していくことを知り、「演じる」ことにより興味深くなった。

大学時代、仮面をつけて街を歩いてみたことがある。

すると、普段の反応とはあまりにも違う自分を発見して、自分で自分にびっくりした。

もちろん道行く人から、奇妙な目でジロジロ見られた。けれども、そのジロジロという痛い視線が、仮面をつけていると気にならないのだ。

人から見られることの怖さというものが、ただ仮面を一枚つけただけで消えていた。

いったい何なのだろう。

自分の顔が仮面に隠されて、だれなのかを特定されない安心感があるからだろうか。

他者から見られているという意識が消えるということ。自分が消えるということは、為末大は「こうふるまうべきだ」という役割もまた、消えてなくなってしまうことだろう。

大人になると、いつも自分がだれかに見られていることを意識してしまう。「見られている」だけではなく、見られているから「〜しなければいけない」と思ってしまう。その意識が、自己規律化へとつながっていく。

一方、子ども時代を振り返ると、熱中して何かをしている時には、他人の目を意識したりすることはなかった。自我や自意識といったものは、はじめからすっかり消えていたはずだ。こうした自己意識の形は、ZONEと呼ばれる、あの超集中状態にも通じる。

身体と意識との関係は、とても複雑で不思議だ。

スポーツ選手は、外見・形によって意識・精神も変わることがあることに、もっと注意深くなるべきかもしれない。それが勝負を決める武器の一つになるかもしれないからだ。

「勝負顔」をつくる

中学生の時、数学の先生が初めて競技場へ来て、僕が走っている姿を見た時のことだ。

先生は、こんなことを言った。

「為末くんは教室にいる時の顔と、試合中の顔がぜんぜん違うね」

ちょっと茶化したようなコメントだったけれど、僕はその言葉に、「あっ」と思った。

たしかに当たっていたからだ。

試合の時とオフの時とでは、自分の気持ちも別人のようだった。ずいぶんと違う人格のような感じがしていた。

その頃から、レースに入る時の自分の「顔」について意識するようになった。

僕は、レース前になるとどうしても緊張してしまう。

緊張しないと、逆にパフォーマンスも低い。

緊張状態は、けっして悪いことだけではない。しかし、緊張から不安が生まれ、固くなってくると、勝負には負けることになる。

緊張の根源は、三つくらいに分析できそうだ。

一つは「あんなに努力してきたのだから良い記録を出さなければ」という、過去に対するプレッシャー。

もう一つは、「試合を失敗したら、この先はどうなってしまうんだろう」「こんなチャンスはもうないかもしれない」という、未来に対してのプレッシャー。

最後は「これを失敗すると、みんなどう思うんだろう」という、他者に対してのプレッシャーだ。

だいたいこの三つが、緊張や不安の理由なのだ。

そこからどうやって解き放たれるかが、僕にとって大きなテーマだった。

結局、その出口は、「やれることを今やるしかない」ということだった。

そのことに気付いてから、楽とは言えないけれど、すがすがしい気持ちにはなった。腹が据わるというのか、ある種のあきらめができた。その心境にまで持っていくことが、試合前の大切なプロセスだった。

人間というものは、苦しいとたいてい自分の作ったネガティブストーリーに呑み込まれていってしまう。

反対に、陶酔型の人は、ポジティブストーリーに自分をのせて調子を出していく。「俺は成功するに違いない」という感じで、人目も気にならないぐらいに没入する。

僕の場合は、陶酔が3で、内省が7ぐらいの感じだった。

中途半端なナルシストというのが、一番苦しい。

普段は格好つけているけれど、試合会場で化けの皮を剝がされてしまうタイプだ。

実力がそのままボンとさらけ出されてしまうことも、「失敗するはずないよね」と強気で突き抜けることもできない。「せっかく作ってきたカッコいい俺が壊れて本当の俺がばれちやったらどうしよう」みたいな心境にハマってしまうのだ。

最も苦しいパターンだ。

極限状態で、何も考えない自分をつくるにはどうすればいいのか。

「勝負顔」は、そこから編み出した僕なりの方法だ。

僕はレースの前には必ずトイレに行って、「顔」を作ることにしている。

「勝負顔」というのが具体的にどんな顔かというと、人から見たらちょっと怖いような、能面のような表情。鉄面皮のような顔だ。

つまり、人が話しかけにくくてとっつきにくい顔を、意図して作る。

そんな顔をしている人には、周囲の人は反応してこなくなる。この人の心はこっちの世界にいない、と感じるからだろうか。

声をかけられたりしなくなる。

そうやって、僕は自分だけの世界に入っていく。素顔だと自意識が邪魔して、なかなか没入状態になれないため、内側に入るきっかけとして顔を変えるわけだ。

レースの中で、中途半端に我に返ってしまう選手はアウトだ。

自分の世界にしっかりと入り競技に陶酔して、超集中状態で走ること。

古い宗教には、顔にペイントをして、自分ではない何物かになりきる儀式がたくさんある。アフリカの部族にはトラの毛皮を被る踊りがある。仮面をつける儀式が世界中にたくさん残っているのは、トランス状態に入るきっかけになったり、別人格に入りやすいからなのだろう。

スポーツの世界でも、似たような工夫をしているチームがある。オールブラックスというニュージーランドのラグビーチームだ。このチームは、試合の前に先住民族マオリ族の伝統的な出陣の舞「ハカ」を踊ることで知られている。表情を作り、激しい感情を踊りで表し、自分たちを鼓舞する儀礼がそのルーツだという。

心を変える。そのためにまず、外見や身体を変化させる。そんな工夫だ。

以前、北野武さんと対談した時、「おれの職業は被りものしないとやっていられない」と言っていた言葉が印象に残っている。

自分をデザインすることは、心を作ることにもつながっていく。

別人格になるというのは、他人を「演ずる」ような、ある種の遊び感覚でもある。

複数の役割を演じる日本人

テレビのバラエティ番組に出たことがある。

その時、バラエティ番組とは、即興劇だと気付いた。

たくさんの出演者が一つのテーマをめぐっておしゃべりをする。基本的には、話を回す軸があって、たいていは大御所と呼ばれるようなタレントさんがその役を務める。中心軸に対して、周囲のキャラクターたちが、からんでいく。話に対応する素早さや適応力、話題を大きく広げていく展開の技を見せあって、その瞬間を楽しんでいるのだ。

時には、話の流れを違うところへ大胆にズラしたり、ひっくり返したりする技もある。つっこまれる人とつっこむ人の役割が、即興的に入れ替わったりする。

一人一人の役割が、自由に入れ替わる。

時に、突然ズレたりする。

そこに笑いが生まれる。

役割そのものを遊ぶということは、日本人が得意なジャンルかもしれない。

落語も似ている。一人の噺家《はなしか》が、おかみさんや亭主や大家になってしまう。それでも、まったく違和感なくスムーズに筋が展開していく。

日本人のコミュニケーションは、コスプレっぽいと思う。役割をどんどん変えて演じていくことに抵抗感がなくて、それを楽しんでいる感覚がある。〈私〉がたくさんあってもまったく大丈夫で、そのことに面白さや楽しさを感じている。ある意味何にでもなれるという柔らかい部分がある。

日本人は、場によって演じ分けることも得意だ。

ここでは上下の関係でも、別の場所ではフラットに変わることを、まったく不自然に感じないで受け入れられる。僕自身にも経験がある。僕の経歴を知っている人はいろんな反応をしてくれるけれど、僕のことを知らない人は、当然「一人の若者」という扱いになる。あとになって、僕の経歴が紹介されると、急に扱いが変わることも少なくない。下にも置かない丁重な対応になってしまい、こっちがとまどったりする。

関係性がコロコロ変わっていくのが日本社会であり、それにあまり矛盾を感じない。そのように変わっていくタイミングを、上手に読み切ることが求められる。〈空気を読む〉というのは、このことを意味するのだろう。

日本とは対照的に、僕の知っているアメリカ人は、自分の役割や立ち位置をちょこちょこと流れの中で変えることをしない。「ハイ!」と挨拶をすれば、相手が有名だろうが、そうでなかろうが、自分は自分という感じで、同じ調子で話し続ける。よく言えば、環境や相手に影響されにくい。常に固定化していて、あまりズレたりしない。

日米のどちらが優れているかという、優劣の問題ではないのだ。

歴史と文化の違いが、そうした質の違いを生んでいるのではないだろうか。

そういえば、ツイッターのアカウントにも欧米と日本では違いがはっきり現れていて面白い。日本人は、アカウントの数がものすごく多い。一人の人が複数のアカウントを平気で使うからだ。一つはリアル、一つはバーチャル、一つは趣味の世界での名前……といくつかの役割を自然に使い分けている。もしかしたら日本人は、複数の自分がないとリスクを感じるのかもしれない。

一方、欧米人を見てみるとアカウントはたいてい一つ、実名で、しかも自分の顔を出したりしている。アイデンティティの保ち方が、欧米と日本とではまったく違うのだろう。

今、「空気を読む」という言葉は、どちらかと言えば否定的ニュアンスで使われている。でも日本人の演技的で多重人格的な感性は、遊び感覚もあってしなやかで面白い。

一つの自分にしがみつかない軽やかさを、もっと自分の力に変えていくことができたらいいのに、と思う。

２―４　自分と外との境界を探る

パラリンピアンから教わったこと

顔は、たしかに自分の身体の一部分だ。

しかし、自分では直接見ることができない。

その顔を少し変化させると、周囲の反応ががらりと変化する。

顔は身体の中で、そうした反応を作り出せるとても不思議なパーツだ。

だが、僕は、顔だけではなく他の身体パーツについても、いろいろな「不思議」を感じる。

たとえば、身体はどこまで自分のものなのだろうか。

髪を切った時、その髪は自分の所属物なのか、あるいは単なるモノになるのか。

相撲の断髪式を見ていると、ただのモノではない。あきらかにその人の大切な所属物として意味を持っている。

では、切った爪は自分なのか、そうではないのか。

何をもって〈自分〉というのか。

自分の身体の境界線は、どこにあるのか。

そんなことを考えるようになったのは、パラリンピックに出ている選手たちと接するようになってからだった。引退前の4年間、たまたまアメリカでパラリンピアンと同じグラウンドでトレーニングをすることになった。

たとえば、義足とは何なのだろうか。もちろん、血が通っていない、製造された物体ではあるけれど、でもただのモノとは違う。義足をつけた選手は、トレーニングをしていく中で、その義足を自分の身体の一部として感じるようになるという。

〈モノの自分化〉と言えばいいのだろうか。

50年くらい先には、パラリンピアンはオリンピアンよりも速く走る、という予測がある。というのも、さまざまな技術が駆使されて、義足の素材や性能が今よりもぐんと高まるからだ。この先はますます製造技術が発展し、器具が自分の身体として溶け込んでいくだろう。

パラリンピックの選手たちを見ていると、身体についてさまざまなことを気付かせてくれるし、学ぶことができる。一緒に練習すると、人の骨組みがどのように組み合っていて、動きとどう関係しているのかを知ることができる。たとえば、「右ひざが曲がらない状態で走ると左手のふりがすごく大きくなる」といった身体の中でのつながりを、現場で見たりするのだ。

視覚に障害のある選手が、僕の横で幅跳びの練習をしていた。視覚を使わずに、踏み切り板までの距離をはかり、ジャンプするタイミングを摑むためには、どうすればいいのだろうか。

観察していると、走る時のピッチ・歩幅と歩数のコントロールを、リズムを使ってやっていた。リズムで、距離を測っていたのだ。

一般的に、「走る」ということと「リズム」とはつながらない。けれども距離を測るためには、なるほどリズムは手がかりになりそうだ。

走ることに長《た》けている黒人の選手たちはどうか。常にリズム感覚を身体の中に持っていて走ることに活用していないだろうか。走ることとリズムとは、案外深い関係があるのかもしれないと、パラリンピアンの練習を見ていて思ったのだ。

僕は目をつぶってみた。

いつもは目から入ってくる情報がとても多くて、視覚に依存している。

しかし、視覚をいったん遮断すると、自分の内側に意識が向かう。手に物を持つだけでも、「あっ、こんな感触だったんだ」ということが際立ってくる。

地面に足がついた瞬間の足の裏の感触を、いつもよりも細やかに感じとれる。衝撃や、腰に響いてくる感じが鮮明になる。

レースでは頭でいちいち考える前に身体が動かなければならない。

感覚的、身体的な経験がたくさん積み重なっていくと、それが経験的な知恵になり、瞬間的な判断になっていくのだと思う。教科書通りの練習をしていればある一定のレベルまではたどり着くことはできるだろう。でも、さらに身体感覚を極めていくと、教科書には書いていない問題にぶつかる。

その領域に入ったら、だれも教えてくれない。

答えは、自分自身の身体の中から探り出すしかないのだ。

まだまだ使っていない感覚がたくさんあることに僕は気付いた。

僕は、パラリンピアンから、いくつものヒントをもらうことができた。

インターバル2

『利己的な遺伝子』――人類の可能性に期待

カール・ルイスが登場した時、陸上100メートルの記録はもう伸びないと思った。しかしとんでもない。この20年ほどの間に、0・3秒近くも速くなっている。

人類は速く走れるように進化しているのか？　そうとは限らないらしい。『利己的な遺伝子』（リチャード・ドーキンス著、日高敏隆ほか訳・紀伊国屋書店）で「獲得形質は遺伝しない」という論を読んだ時は驚いた。

足が速い親の子どもが速く走れるとは限らない。強い筋肉が遺伝するわけではない。つまり、100年前も今も、人間の基本的なポテンシャルは同じで、スポーツの記録が伸びたのは、栄養やトレーニング技術などの向上によるものだという。

人間が走れるようになるまでの進化の過程も知りたい僕は、ダーウィンの『種の起源』なども読んだ。その中で知ったのは、人類の長い歴史の中で二足歩行をしている期間はまだわずかで、我々はまだ歩くことも、走ることもうまくできていないということ。だとすれば今後、もっと「うまく」、速く走れるようになる可能性もあるわけだ。

『利己的な遺伝子』では、人間を進歩させるための知恵や文化のことを「ミーム」と呼んでいる。1年ほど前に作った僕の会社も「ミーム」と名付けた。スポーツ界が培ったノウハウを、社会に役立てるような活動をしていきたい。

第3ハードル

コミュニケーションが遊びを拓く

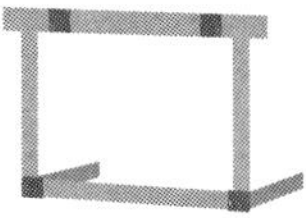

第一人者になるためには、
自分が第一人者であることを、
外に現わして見せなければならない。

ホイジンガ

スポーツは表現行為だ。
競技場でのレースは「自分はここにいるんだ」という
自己証明であり、
「自分が第一人者である」ことを観客に見せつける
パフォーマンスだ。

為末 大

3●1 アスリートが言葉を発信するわけ

対話の中にある「やるせなさ」について

子どもの頃から、コミュニケーションが含み持つやるせなさを感じてきた。

僕が生まれ育った広島という地域は、原爆を投下された歴史を持っている。

だから、小学生でもちょっと勘のいい子は、原爆に対するアメリカ側の論調、たとえば「原爆こそが戦争を終わらせた」という意見を耳にして、幼いながらに葛藤するし悩む。物事の複雑さに、気付かされるからだ。

当然ながら日本人は、「自分たちは被害者で、原爆は悪」という構図で話をする。しかし、まったく反対の立場の意見があるということを、幼くして知る。

原爆投下という歴史が、見る角度によってまったく逆の評価になる。

そんな複雑な現実を、子どもながらに目の当たりにして、困惑するという体験があった。

人は、事実について議論をしているように見えても、だいたいは「事実」そのものではなくて、個々の人の「認識」について議論を交わしているのだと思う。つまり、「私の目からはこう見えている」「あなたもそうだろう」という認識と、「いや、私はそう見えてない」という認識とを戦わせているのだ。両者の認識の間に生じるズレが、時に戦争や民族紛争の根源になってしまうのではないか。

僕は小学校の作文の中に、「僕が見ている空の色をみんな青と呼んでいるけど、本当に同じ色に見えているのだろうか」というちょっと哲学的なテーマについて書いた記憶がある。自分が信じていることは、別の環境に行けばまったく「真実」ではなくなるということをどう受け止めたらいいのだろうかと、ずっと考えて続けてきた。

どちらか簡単には決めることができないテーマについて、あきらめずに、ねばり強く、考え続けてみたい。

どうしてもどちらかを決めなければならない時は、とりあえず選択するしかない。でも、「自分の選択が絶対的に正しい回答なのか」と、常に批評的に見る態度が大事ではないだろうか。

反対意見をねじ伏せたいという衝動には、危険性がはらんでいる。

相手を許せないという気持ちと、許さざるをえないという断念と、その間に生まれる切なさ。たぶん僕は、広島で生まれ育ってきたために、幼い頃からそうした心の「あわい」を考えるクセが付いたのだろう。コミュニケーションについて興味を持ってしまうのは、きっとそうした体験とつながっているのだと思う。

自分の身体を「見せつける」遊び

「なぜ、15万人もの人が為末さんのツイッターのフォロワーになっていると思われますか」

そんな質問を、よく受けたりする。

僕自身も、その理由はわからない。

もちろん、僕のツイッターに関心を持ってもらえることは嬉しいことだ。

僕はツイッターを使って毎日、自分の考えをまとめて発信している。

他にも、トークイベントを企画したり、人のネットワークを作ったり、本を出版したりしてきた。機会をとらえて、これまで積極的に人と対話する機会を増やしてきた。

だから、表現する理由について質問を受けることも多い。

質問に対して真面目に答えるなら、「それは、社会の中で自分のことを正確に認識してもらいたいという気持ちがあるからだ」ということになる。

日本では陸上競技、しかもハードルという種目はサッカーや野球のように広く認知されてはいない。みんなの中でイメージできるような人気スポーツではないからこそ、選手自身が積極的に情報発信をしたり、競技について表現していくことが大事だと思っている。このことは、現役時代からずっと考えていたことだった。

「理解してほしい」という思いと同時に、「自分はここにいるんだ」という自己証明を、何かを通じて発信したいという意志もあった。

スポーツ自体が表現なのだと前に書いた。

競技には、パフォーマンス的な要素がいくつも含まれている。

本質的なところで「PLAY」に通じている。

ホイジンガの言葉を借りるなら、「PLAY」とはこういうことだろう。

「自己の優位を誇る喜びのために」「争う」遊びであり、「名誉、見せびらかし、自慢、挑みの領域のなかにある」。（137~138頁）

だとするなら……

第一人者になるためには、自分が第一人者であることを、外に現わして見せなければならない。（144頁）

試合という大舞台で、自分の身体を観客に「見せつける」行為が「PLAY」だ。「見られること」によって、記録を出すこともできる。

多くのアスリートは、だから自分を見てもらいたいと願う。

もし伝えたいことが無ければ、ただ一人道場で素振りを続けていればいいのだ。

僕自身、「侍ハードラー」と名乗ってきたこともあって、寡黙で求道的で内省的な人間だと思われがちだ。けれども僕自身は人前で表現することが好きなタイプだし、言葉を発する欲求が強い人間でもあると思っている。

何よりも、自分が発する言葉によって、周囲からさまざまな反応が返ってくることが面白い。共感して受け入れてくれる人もいるし、予想外に厳しい意見が返ってくることもある。意外なものの見方を教えてもらうこともある。

たとえ情熱を込めて話をしても、その情熱が伝わるとは限らない。空回りしたり、傷つくこともある。反対の意味にとられてしまって、へこんだりもする。

それでも球を投げたいと僕は思ってしまう。
投げた球が、どんなふうに返ってくるのかを観察したい。
球が跳ね返ってくる時の方向や速度や放物線で、自分自身が見えてきたりするからだ。

ツイッターはバスケのピボット

スポーツ選手の中には、プレイの中で体感的に感じたことや発見を人に伝えたくなる僕のようなタイプと、プレイの中で消化し自分の中で完結してしまうタイプがいる。

陸上競技で言えば、後者のほうが多いように思う。

経験から培ってきた知恵、ナレッジ、英知などを、だれにも見せずに自分の中で完結させていく。だから選手の身体は「暗黙知」の固まり、とも言える。

徹底的に自分の身体に向き合って、鍛え、磨き、技を得てきた独特の体験。そんな貴重な経験知を他に伝えないというのは、ちょっともったいないような気もする。

たしかに、体で感じたことを言語にすることは難しい。言葉にしてもなかなか正確には伝わらないし、置き換えると必ずズレが生まれる。表現する時には、だれしも誤解を覚悟しなければならないこともあるだろう。それは、僕も同じだ。

それでも僕は、結局、何度も言い間違えたり、誤解を受けつつも、その都度修正し繰り返し言葉を探して、何とか伝えたいことへ近づいていこうとしてきた。繰り返し語っていけば、そのものズバリは伝えられなくても、だんだんに伝えたかったことの輪郭を浮き上がらせていくことはできるはずだ。

何かを伝えようとする行為は、コミュニケーション的な遊びに近い。

僕は自分と会話するのが好きなので、頭の中でいろいろと言葉を転がすクセがある。

ツイッターは、その言葉を外部化していくいい機会になっている。

毎朝、考えていたテーマを30分ほどの時間でまとめて整理し、一気にツイートしていく。あまり細かく文章を推敲するのではなくて、普段から頭の中にある着想を流れに沿って文章へと結晶化していく。膨大な時間をツイッターに費やしているように思われるかもしれないが、僕のツイートはだいたい朝の時間にワーッと一気に書くだけだ。その他情報チェックも含めて、だいたい1時間ぐらいを使う。限定しているのには理由があるのだけれど、それはあとで書くことにする。

ツイッターは、バスケのピボットにも似ていると思う。

ピボットというのは、片足で軸を作り、その軸を中心に身体を回す動作のことだ。

お題＝ピボットの軸。その軸に対して、いろいろな言葉がさまざまな方面から返ってくる。話題のフレームは設定するけれど、その中でさまざまな意見や反応があっていいと思っている。それは、こちらに向かって飛んでくる言葉に応えていく「遊び」的な感じがするからだ。

ツイッターに書き込む時、僕が意識していることは、他人が想像する〈僕らしさ〉と、〈僕らしくなさ〉を、両方自由に出していくことだ。他人が考える為末大らしさから外れるとしても、それが僕の考えだとすればセーブしすぎないようにしている。

たとえば、「一流のスポーツ選手であっても、努力が叶《かな》わないことはある」と僕が書き込む。すると、新しい反応や思いもよらなかった意見が返ってきたりする。そうしたリアクションによって僕の中で起こる変化は、また僕にとっての新しい体験になっている。

そんな、双方向的なやりとりが面白い。

人間がツイッターやSNSにハマるのはなぜか。

それは、これから先の、この次の「予想がつかない」からだ。

自分の想定を超えた返答が返ってくるからだ。

コミュニケーションは、常に変化していく。予測がつかない。

変化にしなやかに対応できること自体、嬉しいし、面白いし、楽しい。

そもそも人が生きること自体が変化の中にあるのだから、外界の変化に対応できることは、生きる力でもある。そもそも僕たち人間が、身体も精神も刻々と変化しているのだから、それは当然だろう。

釣れるかどうかわからない不確実な緊張があるからこそ、釣りは面白い。

獲れるに決まっている魚を、釣りに行く人はいない。

釣果とは、釣り人と魚とが緊張関係の中でコミュニケーションを交わした結果だ。

そういう意味で、コミュニケーションとは僕にとって大いなる遊びだ。

> 緊張の要素こそ、遊びのなかではとくに重要な役割を演じている。緊張、それは不確実ということ、やってみないことにはわからない、ということである。（36頁）

獲れるかどうかわからない不確実な緊張があるからこそ、メダルを獲りにいくのは面白い「遊び」なのだ。

獲れると決まっているメダルを獲りに行くとしたら、それは仕事（作業？）だ。

メダルとは、競技者がレースとの緊張の中でコミュニケーションを交わした結果として得られた成果なのだ。

3-2 議論とコミュニケーション

クールダウンの力

我が家では、ルールとして1カ月に1回の「ノー・インターネット・デー」を設定している。

ネットにつながらない日、つなげない日を敢えて作っている。

今の世の中、たくさんの魅力的な断片情報がある。それに引きずられていると、ついメールをチェックし、ツイートし、ネットでニュースを見て、といった繰り返しにはまってしまう。ニュースを見たら次はフェイスブック……と、ネット空間の中をただグルグル空回りして膨大な時間を消費してしまう。

断片的なコミュニケーションに包囲され、一つの継続作業がやりにくい。そんな環境の中で僕らは生きている。

だから、ノー・インターネット・デーのような切断の時間を意図して作っているのだ。

本を読むとか文章を書くといった、一つのことにどっぷりと浸かる時間は、意識しないと得られない。

ウォーレン・バフェットという投資家は、わざと都会から離れた所に住んでいるという。都会の熱狂のさなかにいると、本当のことがよく見えなくなり、的確な投資の判断が鈍る、という理由からだ。たしかに人が密集する場所や空間には大きな流れやうねりができていて、知らないうちに巻き込まれてしまうこともある。

熱狂の中に身を置くことは楽しい。

しかし、時にはちゃんと距離を取ったり、クールダウンできることも大事だ。

この世の中でコミュニケーションを上手に進めていくためには、「引き算」が必要だ。

そう思うようになったのは、世界陸上でメダルを獲ったり、オリンピックに出場するような熱狂的な体験をしたりしたからかもしれない。

僕は「どこにいてもちゃんと自分をコントロールしよう」「僕は僕なんだ」と思って生きてきた。けれども、オリンピックに出た時、想像以上の人が発している熱狂の波に呑まれ、引きずられてしまう自分自身を発見した。

どんなに意志が強かろうと、国を代表しメダルを狙うという極限の中では、いつものようにはいかないことを思い知った。

僕自身は、熱狂しやすい体質だし、熱狂に巻き込まれやすい。

だからこそ、距離を取ることやクールダウンの大切さを意識するようになったのかもしれない。

今、世の中では「もっとコミュニケーションをとらなければ」と追いまくられている人が多いようだ。就活でも、「コミュニケーション力が最も大切」だと強調されている。

でも、ちょっと引いて見てみよう。

クールダウンして、自分との距離を測ってみよう。

コミュニケーションをとることより、コミュニケーションを「いかにとらないか」ということが、コミュニケーション力の一つなのかもしれない。

アメリカと日本――コミュニケーションの違い

アメリカに滞在して発見したのは、「日米では人と人との距離の取り方にずいぶん違いがある」ということだった。

お客さんが入ってくると、日本の店員は一定の距離を取り、呼ばれた時だけ近づいていく。

日本では目を合わせすぎると失礼になる。

一方、アメリカでは、店に入ると店員が客と目を合わせぐっと近づいてきて、「ハイ！」とにこやかに挨拶をする。

エレベーターで、他人と乗り合わせた時もそうだ。

日本人はみんな下を向いて互いの視線が交叉《こうさ》するのを避ける。自分の姿を消そうとしているみたいに。でも、アメリカ人は昔から友だちだったみたいに、にこやかに接する。

スポーツの世界でも、似たようなことを感じた。

アメリカ選手は自分自身が中心軸だから、オリンピックでもとことん楽しむことができる。「私がアメリカを代表しています」といった責任感は、日本人に比べると格段に少ない。ところが日本人の場合は、〈私〉よりも「国の代表である」という意識が大きい。だから、「楽しむ」という言葉が口から出にくい。

人は大きな「役割」を認識し「責任」を意識している時には、無邪気に楽しむことなどできないのだ。

アメリカでは、まず〈私〉の意見を明確に打ち立てて、議論に火花を散らす。Affirmative Actionという積極的差別是正策がある。それをテーマにした討論番組をテレビで見た。

非白人系の人種は、社会環境のせいで学力が不当に抑えられているという前提のもと、各大学等では一定の枠を人種ごとに割り当てている。この政策について、黒人と白人とが対峙して議論を交わしていた。

「環境のせいでいかに我々は不利を被っているか」「どうやって格差を是正していくのか」と激しく意見をぶつけあっていた。結局は、出てきた結論の中味よりも、議論のプロセスそのもののほうが面白かった。みんなが楽しんで論を闘わせている様は、まるでゲームのように見えた。

アメリカではディベートが娯楽なのだ、と僕は気付いた。

日本ではあまり見かけない光景だ。日本人は議論を楽しむということが、あまり得意ではないのだろう。個々の意見を鋭く闘わせるよりも、話は相手と共感したり同調する方向にいきがちだ。

前の章でコスプレの話に触れたけれど、日本人は〈私〉という主語がないところで遊ぶことが、上手なのではないだろうか。

それが、強さにつながる時もあれば、弱さになることもある。

日本にいた時にはまったく普通のことで、何の価値もないと思っていたことが、実は優れた日本的感性であり強さだと知ったのも、アメリカでの滞在があったからだろう。

渋滞に巻き込まれた時のことだ。

アメリカのドライバーたちは、個々に別々の事を考えていて、「空気を読む」という感覚は少ない。だから、前の車が止まったことに反応して慌ててブレーキを踏む。当然、ガクンと止まる。車の列はぎくしゃくするし、急ブレーキで車間は詰まるし、追突事故も起こりやすい。

一方、日本ではどうだろうか。

渋滞になった時、見知らぬ者同士のドライバーであっても、みんな全体の空気を読んで車列は滑らかに動く。先の車が止まりそうだな、と鋭く察知して、しなやかにブレーキを踏む。絶妙な車間距離を取りあい、追突することも少ない。ちょうど魚の群れのように、一つ一つは別の個体なのに、全体としてしなやかに動くことができるのだ。

そんな日本人の独特の感性・国民性は、たとえばチームスポーツで大きな武器になる。絶対的な司令塔がいなくても、オーガナイズされた動きができる日本の選手たち。時には自分が引いたり、一歩下がることを厭《いと》わない。それぞれは自律的に動いても、全体の調和がとれている。リーダー不在でも全体としてバランスがとれる。

よく、リーダー待望論が聞かれるけれど、本当は「一人の強いリーダーがぐいぐいひっぱる」モデルは、日本人にはさほど必要ではないのかもしれない。一人が強く自己主張するのではなく、まるで一つの生き物のように全体が動けることは、日本人のアドバンテージだ。そうした横型ネットワーク、横つながりのコミュニケーションを、もっともっと強みとして自覚し、戦略化すべきかもしれない。

言語を介さないところで空気を読むという、日本人のコミュニケーション術。その能力を磨いて、日本人としての特性を戦術化していくのだ。

街にある普通のカフェで、ちょっとジェスチャーした瞬間に、水を注ぎに走ってくる店員さんがいるのは日本だけなのだから。

3 ◎ 3　指導者と選手の対話

コーチを付けなかった理由

個人競技の場合、コミュニケーションと言えば、コーチや指導者とのことが多くなる。

一般的には、コーチがコンセプトを練り、「君の長所はこの点だからここを伸ばしていこう。そのための練習は……」という形で練習メニューを作り選手を指導していく。

でも僕の場合は、コーチの指令を遂行するということがあまり得意ではなかった。だから一人のコーチに全権を委任することはしなかった。かわりに、何人かのアドバイザーから情報を集め、最終的に自分で決めるというやり方をした。

自分で自分のめざす方向を探っていく道を選択した。

ある時ふと、「走り方がいつもと違う」と母が言った。

その言葉を聞いた瞬間、「あっ、これは重要な情報だ」とピンと感じた。

いちばん長い時間、僕の近くで走りを見てきたアドバイザーは、実は母親だ。

その母が「違う」と感じるとすれば、何かが違っているはずだ。

母が「違う」と言うことの意味は、大きいはずだと思った。

でも、専門家でもない人が、直感的に発した言葉だ。それ以上、細部に入り込むと、その人の主観的な判断や感想やらがいろいろと入ってくる可能性がある。そうなると、その情報を受け取る僕のほうも混乱してしまうだろう。

だから母親には、「何がどう違うのか」という詳細については尋ねなかった。

ただ、違和感がある、という情報だけを受け取った。

僕にとって母とは、そういうサインを出してもらうアドバイザーだった。

母親の一言を受けて、僕は自分のフォームを確認し、何がどう違っているのかを自分で細かく検証していった。自分では「フォームが崩れている」という意識はなかった。しかし、その時の練習環境やグラウンドの状態、身体の成長や変化などによって、フォームは微妙に変わってしまうことがある。

その時は、まさしくフォームの崩れ際だったことが、後からわかった。

母の抱いた違和感は、当たっていた。

僕が周りのアドバイザーたちに期待したのは、距離をもって、大きなところから観察してもらうことだった。陸上競技のノウハウに入り込まなくても、感覚的に何かを感じたら、そのことを率直に伝えてもらうことだった。

今の自分が、どんな状態にあるのかを知るために。

コーチが「フォームの崩れ」を指摘して、「いったい何がいけないかというとね……」と分析してくれるというプロセスを、僕は自分でやった。他人からの指摘で修正していくことがあってもいい。しかし、その指摘に縛られすぎて、うまくいかなくなったりすることもある。選手はいつも、自分を軸にして、自分が選び、判断し、アジャストしていく心づもりでいるほうがいいと思う。

まだだれもやったことのない記録をめざして、極限に向かっていく。そのための身体やフォーム作りをするためには、いろいろな選択肢を探っていく。その中から一つの答えを選択していくとき、判断を下すために使うものさしが必要になる。それは、自分の身体感覚以外にないと僕は思っている。

何かを選んでいく時の僕のものさしの一つに、「心地よさ」がある。

「心地よさ」といっても、快楽主義的な心地よさとはちょっと違う。

「心地よさ」の基準は、「前よりもスムーズにうまくいく感じ」があるかどうかで、それが決め手になる。その感覚を身体で探れなければ、アスリートとして頂点に登るのは難しいだろう。

「知恵の輪」の外し方

スポーツの世界では、多くの選手が教科書を見て練習や競技に取り組もうとする。

教科書の通りにうまくやれた人間が、勝利を得られるという世界観が一般的だからだ。

そしてみんなが、「勝つための教科書」を必死に探す。

手に入れた教科書を読み、そこに書かれた課題を達成しようと努力する。するど、いつのまにかそれ自体が目的になっていく。気付かないうちに、手段が目的に変わってしまうのだ。

学校の勉強ならば、教科書の課題を積み上げていくという学び方もありうるだろう。しかし、アスリートが身体を鍛えて技術を磨き、勝ち方を考え、最高の勝利をめざすとなると、教科書的な「積み上げ」方式だけではなかなか目的を達成できない。

僕も若い時は、「日本一の選手がやっていた練習をやりさえすれば速くなる」と思い込んでいた。そして、必死にその方法に取り組んでみた。けれども、速くならなかった。20歳か21歳の頃だった。どこかに「勝てる手法」があり、それをきちんとやった人が勝つという方程式そのものが間違っているのではないか、と気付いた。

スポーツの世界だけではないはずだ。

たとえばビジネスにおいても、それは同じではないだろうか。「経営学を学んで社長になる」のではなくて、社長になったり株式を上場させる目的を達成した時には、そのプロセスによって、すでに経営学が身に付いているのではないのか。

「知恵の輪」という遊びを例にすればもっとわかりやすい。

知恵の輪は、「輪を外しましょう」ということだけがルールで、「外し方」はどうやってもいいことになっている。

輪を外す方法を一から考えるから、知恵の輪は面白いし、遊びになる。

万が一、外し方の説明書があったとしたら？

もう、遊びとしては成り立たないだろう。

知恵の輪は、外そうとしている瞬間がいちばん楽しい。

もうちょっとで外せそうだけどまだできていないあたりが、一番ワクワクする。

僕自身がレースにおいて「勝たなければ」とこだわってきたのは、知恵の輪を外すことに熱中することにも似ている。「100メートルで10秒50を出す」と目標を定め、では、どうやったらそれが達成できるのかを試行錯誤して探っていくという意味で、似ている。

どうやって輪を外すか考えるように、どうやって100メートルを走ろうかと、知恵を働かせる。そして、挑戦する。

もし、「輪を外すこと」をあきらめてしまったら、その時点で遊びは不成立に終わる。

もちろん「輪を外すことができた」からといって、特別な報酬が手に入るわけではない。

レースに勝つことは、輪を外すことと同じだ。

勝利そのものには、極端に言えば、何の意味も無い。

だから、報酬を目的にしてレースに挑戦することなど、僕には考えられないことだった。

たとえ報酬が必要でレースに参加したとしても、果たしてそのレースは楽しいだろうか。

僕は、ただ一番になることが面白いだけなのだ。


遊びの領域のまったく外にあるのが報酬である。（121頁）

ホイジンガは、そう報酬について言っている。


勝った後の報酬なんて、僕には関係なかった。ただ、何とかして勝つことそのものが面白かっただけだ。報酬は、勝った時にたまたまついてくるもの、もっと言えば勝とうとすることそれそのものが報酬でもあった。

だから、スポーツは遊びと似ていた。

勝つことだけがスポーツの目的だったら、どんなやり方をしてもいいのかもしれない。

結果として、勝ったやり方が正しいやり方になるからだ。

でも、教科書通りのやり方をしたからといって勝つとは限らない。

もしかしたら、最初から『知恵の輪の外し方』という教科書を買おうとしているスポーツ選手が、まだ日本には多いのかもしれない。

3-4 スポーツを取材するということ

される側から、する側へ

引退した後に開催されたロンドンオリンピックでは、初めて取材される側ではなく、取材する側になった。そのことで新鮮な発見がいくつもあった。

レポートする現場では、選手たちの苦闘ストーリーや、どれくらい努力したのか、挫折は何だったのか、家族はどう応援したのかといった、いわば感情に訴える話がウケることが良くわかった。

報道する側も視聴者も、どうやらそうした話題を求めているらしい。

選手たちは、どんな努力をしてきたか。

その成果や意気込みや想いは、今、どうなっているのか。

そうした内容を汲《く》み上げるレポートや「想い」にフォーカスすることが、お茶の間に響くようだった。

それに対して、たとえば歴代のデータを示し「決勝進出の確率は何％です」とドライな解説をしても、お茶の間は白けてしまうらしい。

メディアは、ある意味で「感情を増幅していく装置」なのだ。

レポーターは、メディアに増幅された国民の想いを汲んでいく役割を期待されている。

国民が望むものをメディアが提供しているのか、それともメディアがあおって熱狂をつくり出し、国民もその熱狂に乗って、お祭り騒ぎをしているのか。

僕には、両方が共鳴しているように見えた。

僕も現役選手の時には、役割を演じることが多かった。

インタビューでもなんとなく「あ、インタビュアーはこう言ってほしいんだろうな」と察していた。「日本代表」の顔になり、予定調和の言葉を口にしていた。

ところが、カメラが止まった瞬間に選手がボソッと本音を言ったりすると、実はその内容がとても面白かったりするのだ。

しかし、本番のインタビューで、本音を引き出してしゃべってもらうことはとても難しい。

日本人は、心情的に自分をさらけ出すのを避ける傾向があるからだ。これがアメリカ人の選手ならば、カメラの前で本音をどんどんさらけ出してくれるのだが……。

取材する側となった今では、「その瞬間に感じていることを言ってもＯＫだから」という空気を、少しでも作り出せたらいいなと思っている。

選手の想いと魂を、できるだけ加工しないで伝えること。

手を加えずに、コントロールされていない心の言葉を引き出すこと。

ありのままの姿が出てくるような、清々しい環境を整えること。

取材者として、最低限そのくらいはめざしたい。

金メダルを獲ることが当たり前と思われている種目では、銀メダルを獲っても「悔しい」と言うことになっている。本当は「嬉しいかもしれない」のに、その言葉を口にできない。

僕は「嬉しい」という気持ちを素直に表現してもいいと思う。

たとえば、柔道界は「世界の柔道」をつくりあげていくことがミッションだ。

しかし、柔道が世界に広がれば広がるほど、ライバルは増え日本のメダル数は少なくなっていくだろう。その矛盾を受け入れ、「メダルは減ったけれど、これだけ競技人口が増えた」という観点からの語り口もあっていいのではないか。

リアルな言葉が伝わったら、もっとスポーツファンは増えるのではないか。

スポーツ・ジャーナリズムは、予定調和をやめて、現実感のあるざらざらした言葉をもっと伝えていくべきだろう。人間らしい矛盾や心の揺れ、本当にアスリートその人に触れたというリアルな感じがする言葉を伝えていく必要があるだろう。

そのためには、伝える側が、意図を持ちすぎないことが大切だ。

計算した構図に、選手たちをはめ込むのではなくて、ほとばしり出た言葉を、ありのましなやかに伝える媒体になりたいと思う。

パラリンピックで出合った対話

パラリンピックの取材は、僕にとって発見だらけで、ものすごく面白かった。

コミュニケーションの基本について、いやがおうでも深く考えざるをえなかったからだ。

生まれ持ってのブラインド（視覚障害）の選手にコーチが「まっすぐ走る」ことを教えるシーンに出合った。

その難しさたるや、僕の想像をはるかに超えていた。

視覚に障害のある人が、「体が傾いてるから、まっすぐにしたほうがいいよ」と指示されている。けれどもその人は、「まっすぐがどこなのか、わかんないんです」という。

たしかに、視覚が遮断されている状態の中で、「頭が傾いている」ということを言われても、「傾いている」視覚情報が無いのだから、わからない。

では、どうやってそれをわからせたか。

指導する側が、手で頭の位置を修正し「まっすぐ」という位置を知らせていた。今はこのぐらい傾いているから、まっすぐはこのぐらい、ということを触感によって伝えていたのだ。

それを見た時、コミュニケーションの本質を突いている気がした。

「まっすぐに進む」と言われても、そもそも「何がまっすぐなのか」がお互いに共有できていなければ、コミュニケーションは成り立たない。

もう一つ、はっと気付かされた例がある。

聴覚障害の人から、「うるさい」という感覚を、初めてツイッターで知ったと教えて貰ったのだ。

聴覚障害者は、耳が聞こえない。

だからこれまで、「うるさい」という感覚がわからなかったという。

ところが、ツイッター上で人が書きこむ内容が無秩序にダーッと流れてきた時、初めて

「あっ、これがうるさいという感覚なのか」と知ったというのだ。「うるさい」だけではない。いつも同じような言葉を、意識せずに使っている自分。でも、本当に相手にその意味が届いているかどうか。はっとして、考えさせられたという。

だれにでも、コミュニケーションがスムーズにいかない場合がある。でもその時、問題の根幹には、みんな同じものが見えている、共有している、という思い込みがありはしないか。

実は、それぞれが違う世界を持っている現実について問い返すことが必要だ。

パラリンピックでは、自分がわかっていると思っていることを、簡単に裏切ってくれる。相手と自分とが全然共有していない世界が往々にしてありうることを、実感を持って学ばせてもらう場になった。

障害者の人数だけ現実があることを自覚し続けなければと、自分自身に刻みこむ経験になった。

パラリンピックの選手たちから学んだことは、本当にたくさんあった。

互いにわからない者同士が〈一つのこと〉をどうすれば共有できるのか。

認識が違う世界、バックグラウンドが違う者同士が、どうやったらつながるのか。

別の場所に向かって、橋を架けてみることから始めるしかないだろう。双方から、互いに橋を架けていくようにすればいい。完璧ではなくても何とか橋が架かって、互いが行き来し、理解できそうになるその瞬間ほど、面白いものはない。

コミュニケーションとは、そのように橋を架ける行為なのだ。

ホイジンガの言葉を借りるなら、遊びもまた何かを結びつけ、何かに橋を架けてくれる。

遊びはものを結びつけ、また解き放つのである。それはわれわれを虜にし、また呪縛する。それはわれわれを魅惑する。（36頁）

コミュニケーションは何かを結びつけ、また解き放つ。そして僕を虜にし、魅惑する。その瞬間は、まるで遊びのように、心地よくて面白い。

インターバル3

『夜と霧』――人生のよりどころを掴む

2007年、僕は競技人生で最大の失敗をした。大阪で開催された世界陸上400メートル・ハードルで、予選敗退したのだ。落ち込んでいる時、知り合いのライターさんから勧められたのが『夜と霧』(V・E・フランクル著、霜山徳爾訳、みすず書房)だった。

第2次大戦下、アウシュヴィッツ強制収容所に送られたユダヤ人の体験記である。ナチス・ドイツの被害者と僕を簡単に比較することはできないが、この本には人間が最後、何をよりどころに生きるのか、考えるきっかけを与えられた。

この本によれば、それは愛や夢、美である。だれかから深く愛された経験を持ち、日常の中にささやかな「美」を見いだすことのできる人なら、極限状態でも自分を保つことができるようだ。

スポーツは、かなりの割合で努力が報われない。何千人、何万人が競って金メダルはたった一つなのだ。しかし敗者となったとしても、僕は何も失っていないし、はじめから何も持っていない。どんな状況でも自分で物事を決めて、進んでいけばいい。この本を読むうちに、こうした心境に至ることができた。

加害者をどう許すか、西洋と東洋の違いも考えさせられた。欧州の人々は憎しみを乗り越えようとするが、東洋思想では、起きたことを受け入れるしかない、と考えるのではないだろうか。

第4ハードル

教養から遊びへ

文化は遊びとして始まるのでもなく、
遊びから始まるのでもない。
遊びのなかに始まるのだ。

ホイジンガ

遊びながら学び、学びながら遊ぶ。
僕自身のプロセスを振り返ると、
面白いからやっていることが、自然に学びにつながっていた。
ハードル競技も読書も
「遊びのなかに始まって」いたのだ。

為末 大

4-1 読書という遊び

本との出合い

現役時代、僕は陸上の世界から影響を受けただけではなかった。

医学者、経営者、宗教者といったいろいろなジャンルの人たちと広く交流し、アドバイスをいただいてきた。他の分野にいる人たちから得たさまざまな助言が、僕の競技生活に、とても役に立った。

そんな経験から、「領域をまたぐ」ことの意義を感じてきた。

ハードルの選手だから言うわけではないけれど、「またぐ」「越える」ということは、僕にとって永遠のテーマなのだ。

自分が取り組んでいることの質を少しでも向上させたいと思ったら、自分の領域とは一見関係ないようなジャンルにも目を向けることをお勧めする。

思わぬ場所にヒントがころがっていたりする。たとえば本の中。

何によって、予期しない、良い影響を受けることになるかわからない。

そうは言っても、僕が昔から積極的に領域を越えて勉強したり熱心な読書家だったかというと、そんなことはない。

今でこそ、本をたくさん読んでいるアスリートというイメージがあるかもしれないが、大学時代の後半まで、熱心に本を読むことは実は少なかった。

僕と本との出合いを振り返ると、最初は絵本だった。

幼い頃に『すてきな三にんぐみ』や『かいじゅうたちのいるところ』といった作品に出合って、胸がときめいた。絵本をめくった時のインパクトはすごかったし、今もはっきりと映像で思い出すことができる。

小学生の時には、コナン・ドイル著のシャーロック・ホームズの世界が大好きになった。客観的に活字を読むというのではなく、その世界の中に没入してしまうような、そんな読書体験だった。特に物語の冒頭、何かをヒントにしてその人物の背景や人となりを推理していくシーンに、ワクワクした。

僕もその真似をして、「男の手には剣道のたこがある、だから彼は剣道部員に違いない」とか、自分でストーリーを考えて子どもながらに小説を書いてみたくらいだ。

僕が、生まれて初めてまとまった冊数の本をしっかりと読んだのは、高校3年生の頃だ。

ある「きっかけ」があったからだ。

早熟型の陸上選手だった僕は、すでに高校生の時に一つのピークを迎えていた。走っても走っても記録が伸びなくなり、スランプを自覚したその時、一気に100冊ぐらいの本をむさぼるように読んだのだ。

すべてが、スポーツに関する本だった。

たとえば、「ドイツの陸上選手はどんな練習をしているのだろうか」と知りたくなって、他国のスポーツ関係の書籍を調べ、図書館で翻訳本を借りてみた。最後のページに参考図書や出典が並んでいたので、そのタイトルを眺めていると、次に別の本も読みたくなった。そんなふうにして、借りてはまた読み、次々に読みあさった。

あの当時手にした本は、今でも覚えている。

「運動力学」についての専門書も読んだ。

人間が走ることを力学で解説した本だった。難しい言葉がたくさん並んでいたけれど、僕にとって運動力学について考えることはすごく新鮮な世界で、ワクワクしながら読み進めた。

でも、そのまま読書好きになったかというと、そういうわけでもなかった。

その後しばらくの間、読書から遠ざかってしまった。

僕はそもそも、本から得た知識だけで満足したり完結することはできないタイプなのだ。本に書かれていたことを、自分の身体で試さなければ気が済まない。そしてもし、書かれていた理論や実践方法が、自分の身体で体感できず、納得できなかったら、それらの知識や理論も受け入れることができない。

よく、スポーツ選手が本を読みすぎるのはよくないと言われる。頭でっかちになって知識や理論が先行しすぎることの弊害を指摘する声もある。「こうすればこうなるはずだ」という理論にがんじがらめになって、身体で感じたまま、しなやかに動けなくなる恐れがあるからだろう。新しい理論に熱中して関連本を読み、その通りにやってみてもうまくいかないことは当然あるだろう。すると、また別の理論に飛びつくという悪循環にはまってしまう選手が、たしかにいる。水泳をするために水泳理論の本をいくら読んでも、簡単に上手に泳げるようにはならない。それは、だれでもが知っているはずのことなのに。

知識と体感のバランスをとることは、なかなか難しい。

もちろん、技術をステップアップさせるために、知識や理論が役に立つ場合もある。理論に基づいて試行錯誤を重ねることは、アスリートとして大切なことだ。でも、知識が頭の中で大きくなりすぎて、身体が自由に動かなくなってしまったとしたら、それでは本末転倒だろう。

スランプにハマって抜け出せなくなる選手、スランプにはまりやすい選手に見られる一つの傾向がある。それは、体感の量が少ないということだ。

「気持ちいい／よくない」の境目が、自分ではっきりと判断できない。走った瞬間に、「今日は何かが違う」ということが判断できない。そういうタイプは、知識の詰め込みすぎに注意したほうがいい。

選手にとって何よりも大切なこと。

それは、「気持ちがよかった時の感覚」を、その人の中でちゃんと記憶できているかどうかだ。

その判断を、知識よりも優先させることが大切だ。

そうしないと、パフォーマンスの質はなかなか上がらない。

「走ること」と「読むこと」は似ている

20代の前半から、海外へ一人で行く機会が増えていった。

2～3週間から1カ月程度、異国でたった一人で行動するようになり、その頃から加速度的に読書量が増えていった。

英語はほとんどしゃべれなかったし、当時はもちろんインターネットもない。一人きりだから会話する相手もいない。日本語の情報に飢えているような環境の中で、僕は再び、活字の世界に熱中するようになっていった。

10冊、20冊とまとまった数の本を海外へ持っていった。

その頃に読んだ本の中で印象に残っているのは、サン＝テグジュペリの『星の王子さま』や、山本七平の『空気の研究』。古典では、『武士道』や『葉隠』、司馬遼太郎の歴史小説も読んだ。アウシュヴィッツの強制収容所の記録、フランクルの『夜と霧』も印象に残っている（124〜125頁の「インターバル3」を参照）。投資ビジネス関係では、ウォーレン・バフェットの著作も読んだ。ジャンルはバラバラで1カ月に10冊ぐらいは読了していた。

本の中にワクワクするような面白い部分を発見すると、何度でも繰り返し読み、言葉を咀嚼した。

その頃は、読書をし、散歩して、練習し、また家に帰って読んだ。

そんなふうに、一日がシンプルに回っていった。

頭と身体のバランスが、心地よく流れていた時間だった。

ちょうどその頃のことだ。

僕は、『ホモ・ルーデンス』を手にとった。

最初は「哲学の本」という先入観もなく、「遊びについて考える本」程度の印象でページをめくった。

だがそこには、自分がこれまでにうっすらと感じてきたことや、もやもやと頭の中に浮かんでいたことが、ズバリと言葉としてまとまっていた。しかも、僕の感覚や意識があまりにも的確に表現されていたので、すごくびっくりした。

すべての遊びは、まず第一に、何にもまして一つの自由な行動である。命令されてする遊び、そんなものはもう遊びではない。（29頁）

そうだ、本当にその通りじゃないか。

小さな頃からいろいろな遊びをつくり出しては遊んできた僕にとって、こうした「定義」は、すっと腑に落ちるフレーズばかりだった。

『ホモ・ルーデンス』はご存じのように、スポーツや陸上やトレーニングに関して書かれた本ではない。

いわば、「遊び」と「人間」の関係について考えぬかれた本だ。

「人間そのもの」について考察した本だと言ってもいいだろう。

その中には、本質的な問いかけがたくさん詰まっている。

僕にとってこの一冊の本が、「人間とは何か」を考える道具になっていった。

そうした読書経験が、陸上競技の質の向上にとって有効だったのかどうかはよくわからない。だが、間違いなく人間や人生について深く考える楽しさを与えてもらった。

一つだけたしかなことがある。

それは、「何かに役立つから本を読んだ」わけではない、ということだ。

役立つのかどうかもわからないまま、とにかく好奇心を満たしたくて、本を読んだ。

ワクワクしたくて、手当たり次第にページをめくった。

本は、新しい発見に出合える媒体であり、素晴らしい遊び道具だ。

だから、僕にとって「走ること」と「読むこと」とは似ている。

4-2 教養とは何だろう

〈私〉を忘れる

タオイズム（道教）に出合ったのは、ちょうど『ホモ・ルーデンス』を手にした頃だった。陸上競技をしているフランス人の知り合いから、タオイズムについて書かれた本のことを教えてもらった。

最初は読んでも、ほとんど意味がわからなかった。

一般的には、人間は成長すると立派になろうとしたり名誉や権威を手にいれようとする。でもタオイズムはユニークで、そうした成功モデルとは正反対の方向を示していた。愚か者や木偶《でく》の坊《ぼう》へと戻っていくことを説いていたのだ。

僕は宮沢賢治の詩『雨ニモマケズ』を思い出した。「ミンナニデクノボートヨバレ（みんなに木偶の坊と呼ばれ）」というあのフレーズが浮かんだ。

タオの世界には、既存の権威や価値体系といった一切合財を笑い飛ばすような痛快な迫力を感じたし、その魅力に惹《ひ》かれた。

似たような興味から、禅宗関連の本も手に取った。一休和尚の話も好きだった。「人は死んだら、みなしゃれこうべ」のような「空」「虚」「無」の世界に、強く興味を抱いた。

そして23歳の時、世界陸上で初めてメダルを獲ることができた時のことだ。

僕の体験と、タオイズムとが、どこかで通じているような気がした。

レースの中で緊張が極限になった時、僕は不思議な感覚を味わっていた。自分自身が走っているのか、それとも身体が勝手に動いて走っているのかが、よくわからないのだ。コントロールしようとする自分の意識すらなくなってしまい、勝手に身体が動いていくような状態になった。

動いていく身体を、意識が後から追いかけていくような感覚――ZONEを体験したのだった。そして、その状態の中でこそ、最高のパフォーマンスが発揮できるのではないかと実感した。それは「自分の身体を動かそう」という「意識」そのものを手放すほうが、良い走りができるという皮肉な状態でもあった。

この状態は、もしかしたらタオイズムや禅宗が説く世界観に、近いのではないか。

「手放せ」

「自意識にしがみつくな」

「委ねよ」

「空」そして「無」。

素晴らしい仕事をしているクリエイターが、「気がついたら描けていた」とか「考えずに弾いていた」とかコメントするのを聞いたことがある。「自分が描いている」という意識が消えて、意思とか意図が小さくなって、自動的に手が動いている状態になれた時、素晴らしい作品が生まれてくることがしばしばある。

たとえば、走れない人に対して「まず肩を下ろしましょう」と指導をしたとする。肩を下ろすと、その人は次に肩のことばかりが気になってしまい、手をうまく振れなくなる。「もっと手を振りましょうか」と指導すると、今度は振ることに意識がいってまた肩が上がってきたりしてしまう。

人は、何かのことで頭がいっぱいになると、往々にしてそのことしか見えなくなる。その段階を抜け出て、だんだんに身体が自動的に動くようになったら、視点も高いところに位置するようになり、全体を見渡すことができるようになる。

いつもより少し大きい歩幅で走ろうかとか、細かく走ろうかとかいうコントロールが可能になっていく。

そして最後には、俯瞰している視点すら消えてしまう。

これが、僕の考える「上達のプロセス」だ。

到達したところは、結局のところ子どもの時に無我夢中で走っていた時と同じ、あの世界観なのだ。

たぶん教養とは、そうした自由な境地にたどり着くまでの、言ってみれば基礎力のようなものだと思う。土台を形作って作動させるための、エンジンやそれを動かすガソリンのようなものなのだ。

テーブルマナーを例に考えてみるなら、「マナー」とは教養だ。

最初は、学んだことを意識的に反復練習する。そうやって身体に伝えて覚えていく。

本当にマナーが身に付くと、マナーのことなど忘れて、目の前の人とおしゃべりに熱中しつつ、手は自動的に動いている状態になる。

教養の最後の世界とは、そういう状態のことではないだろうか。

「身に付く」というのは、つまり「忘れている」ということだ。

逆から言えば、意識している段階とは、まだ習得していないことの証だろう。

ハードルを跳ぶ時もそうだ。

最初は、「どうやって跳ぶか」についていろいろと工夫をし、練習を重ね、練り上がっていくと、「どう跳ぶか」をいちいち意識しなくなる。身体が移動体になり、「次のハードルが近づいてきた」と思うと同時に自動的にハードルを越えている自分がいる。

エゴ・マネジメント

欲しくて仕方なかったけれど残念ながら手に入らなかったとか、あの目標がどうしても達成できなかったというコンプレックスが、人の中には必ずある。

大人になってから、それを取り返そうともがく。

コンプレックスに囚《とら》われて苦しむ。

そんなことが、しばしば起こる人もいるだろう。

でも、自分のコンプレックスに煩いすぎると、ろくなことはない。

その時はフィールドを変えてみよう。

別の場所で、別の対象に向かって、とりあえず戦ってみよう。

そこで一つ勝つことができた時、自信が芽生える。

すると、自分のコンプレックスへの対し方も、変化するかもしれない。

よく、自分が大学に行けなかったことがコンプレックスで、子どもを幼い時からガリガリ勉強させて、何とか有名大学にねじ込もうとする親がいる。でも、自分のコンプレックスの問題は、それで解決はしないはずだ。そうではなく、自分のコンプレックスとは別の領域で、楽しさや達成感や成功感覚を得ることで、コンプレックスそのものを消してしまうことはできないだろうか。

こだわりを越え、こだわりを無くしてしまうことはできないか。

コンプレックスを、いかにしてマネージメントするか。

このことは、生きていく上での大切なテーマだ。

「エゴ・マネジメント」と呼んでもいい。

僕自身、「勉強ができない」という漠然としたあきらめをずっと抱えていた。スポーツに熱中してきた自分は、ろくに勉強もしていないし、知識や教養の世界にはほど遠く、頭が悪いと思っていた。

社会人になった時、入社後の研修で興味深い体験をすることになった。

同期には東大出や京大出のエリートがたくさんいて、一緒にゲームをすることになった。渡されたのは、紙やコンパスが入っている袋だ。この中にあるもので「ある形」を作り、それを銀行へ持って行くとお金がもらえる。だれが一番の金持ちになるかを競うというルールだけが、事前に説明された。

最初はみんな、どうしたらいいのか戸惑っていた。

そのうちにだれかが袋をあけ、中に入っているものが互いに違うことに気付く。ハサミを持っていない人は、持っている人に借りる。かわりに紙を提供する。コンパスで円を描く人、紙を切り、丸や三角を作ったりする人。だんだんに、モノとモノとを交渉して交換し、自分が欲しい「金」を手に入れる方法を見つけだしていった。

実にシンプルなゲームだった。

だが、ルールは自分たちで作っていかなければならなかった。

僕は、けっこうイケていた。

すぐに、金持ちになった。並み居るエリートたちよりも、早く。

小さい頃からの遊び体験があるから、この種のゲームはものすごく得意なのだ。

「自分は思っているほど頭が悪くないんじゃないか」と、その時初めて思った。

僕自身のコンプレックスが、一つ外れた瞬間だった。

それから自分の意見を言ってみよう、本を読んでみよう、新しい可能性を考えてみようと、コンプレックスを少しずつ、外していった。

基本的な力は、何事にも必要だ。

もちろん野球をするためにはバットの素振りは大切だ。でも、バットが振れるようになったら、その次のステージは、飛んできたボールにどう反応するか、が問われる。そんな時に、ルーティーンの繰り返しや基礎体力作りだけでは、武器にならない。

知識やノウハウを蓄積した土台の上に、「思考」や「創造」の力を接ぎ木しなければ、伸びてはいけない。

応用領域とは、「遊びの領域」だと思う。

発想力を磨き、新しい方法をクリエイトすること。

強さというものは、反復や基本のその先にあるのだ。

4●3 スポーツ文化を日本に育む

日本に体罰が生まれる理由

日本では、スポーツにおける体罰が大きな社会問題になっている。

部活の体罰によって高校生が自殺してしまったり、トップクラスの女子柔道選手たちが指導者を告発したりした。

日本のスポーツ選手育成過程に、「体罰」が深く巣くっていることが浮き彫りになった。「スポーツの根本は遊びである」と言うと、日本では抵抗感を持つ人が多い。「いや、人間性を育てる教育だ」「社会に何かを提供するものである」といった意識を持ちたがる人が多い。

そうした人たちは、スポーツを「身体を使った修練」のようなものとしてとらえている。

僕は、そうした考え方が顕著になって出てきたのが「体罰」なのではないかと思う。

たとえば、たまたま入った学校の部活動が強くて勝利至上主義だったりすると、「わいわい楽しむ」なんてことは、絶対に許されなくなる。どんなことをしてでも勝利をめざせと求められ、勝つために体罰を受けても、当然という空気が生まれてくる。選手自身の自発性ではなく、外から努力を強制しようとする力が働く。決められた指導者が上に立ち、選手へと努力を強いる。指導者と選手は、はじめから対等な関係にはない。そこに、体罰へと結びついていく行動が生まれやすい環境が出現することになる。

ホイジンガの言葉を借りるなら、こうした習慣が発生しているのだ。

遊びと真面目の対比を一つの絶対的なものと見なす習慣がこびりついているのだ。（52頁）

では、欧米ではどうだろうか。

社会の中におけるスポーツの位置が、日本とはどこか違う気がする。

欧米社会では、スポーツの土台として、暮らしの中でのんびりとウオーキングをしたり、地域で草サッカーや草バレーを楽しむ感性が根付いている。勝ち負けよりも、レジャーや遊びとして広くスポーツが楽しまれているのだ。

その広大な土台の上に、数パーセントの人が、シリアスな勝負の世界で鎬《しのぎ》を削る。超トップレベルの勝負にこだわっている選手は、ほんの一握りにすぎない。

スポーツの世界が、そんな三角形の構図を形作っている。

三角形の底辺のところで、「スポーツは遊びだ」という精神を社会全体が認めあい、楽しんでいる観がある。繰り返し書いてきたように、僕自身は「スポーツの根本は遊びである」と思っている。そうした視点から考えるなら、自分から努力し鍛錬するという「自発性」こそがスポーツに不可欠なのは、当然のことと言えるだろう。

子どもの頃、だれから言われたわけでもないのに、あんなにも夢中になって遊んでいた時間を思い出してほしい。

自分の意志で、自発的に遊んでいた、あの、楽しかった時のことを……。

> 遊びとは、あるはっきり定められた時間、空間の範囲内で行なわれる自発的な行為もしくは活動である。それは自発的に受け入れた規則に従っている……遊びの目的は行為そのもののなかにある。（73頁）

「遊び」も「スポーツ」も、本来は自発的な行為なのだ。

そうでなければ、「遊び」も「スポーツ」も、あんなに楽しいはずはない。

僕にとって「遊び」や「スポーツ」は自発的な行為であり、目的は行為そのものの中にある。

同じような視点を日本のスポーツ界が取り入れていくことになれば、選手の育成方法も、コーチと選手の関係も、そして暴力による「体罰」についても、必ず変化していくだろう。

俳句と欧米スポーツの共通点

自発的な遊びが、高度化へと向かっていく場合がある。

しかし、遊びを高度化しようと思うなら、そのための準備や訓練が必要になるだろう。場合によっては、痛みや苦しさ、辛さもともなうはずだ。

それでも練習して、遊びを高度化しようとしてきた分野がある。

それは、遊びが変化していく楽しさがあったり、新鮮な発見があったり、達成感があるからに違いない。高度な取り組みに挑戦するという困難はあっても、だから敢えて自ら努力を続けてきたのだろう。

日本には、そうした遊びが存在する。

茶の湯やお花、香道などの「道」の世界に、そうした遊びの文化や要素を感じる。

俳句や短歌も、その一つだ。

僕から見ると、日本の俳句や短歌の世界は、ヨーロッパで楽しまれているスポーツに通じるところがある。

たとえば、俳句作りには季語や5・7・5というルールがある。

最初のうちは、ルールに縛られて、当然ながらうまくは作れない。

それぞれが技を練り上げたり、知識を増やしたり、観察してきた風景を言葉に置き換える練習を続けながら、俳句の質に磨きをかけていく。できあがった俳句は、仲間同士で評価しあうので、緊張感もある。仲間の俳句と比べられ、優劣をつけられるという競技性もある。

だが俳句は、あくまでも基本は楽しさだよ、ということが自然に共有されている。その意識が、参加しているみんなに浸透している。だから、うまく作れた時もそうでない時も、その場は楽しさに満ちているのだろう。

スポーツも、そうあってほしい。

体罰の問題に関連して、学校の部活動のあり方がさかんに議論されている。だが体罰をめぐる問題は、部活動という活動形態だけを問題にするのではなく、もっともっと裾野を広げて考えていくことが大切ではないだろうか。

僕は、日本の各地域にクラブチームが増えていく必要があると思う。

クラブチームであれば、チームの目的をはっきりと掲げることができる。

中には「人格形成」をめざすチームや、「人とつながる」目的のチームがあってもいいし、「日本の頂点に立つ」という目的のチームがあってもいい。それぞれの人が、興味のあるチームを選んで入ることにすれば、スポーツの楽しみ方はぐんと広がると思うのだ。

そうした、それぞれがスポーツを自分の目的に沿って選択できる環境を、広く整えていくことが基本ではないだろうか。

句会のような、スポーツをもっと楽しむための会が、各地域に作られていく必要があるだろう。

文化は遊びとして始まるのでもなく、遊びから始まるのでもない。遊びのなかに始まるのだ。（165頁）

俳句を楽しんでいる人を見れば、ホイジンガが言う通りだと納得させられる。

みんなが遊びとして楽しみながら俳句を創作していく中で、だんだんに俳句文化が育ち、磨かれていったのではないだろうか。

日本の中でスポーツ文化を育て、根付かせていくには、スパルタや体罰とはまったく別の熱心さが必要だろう。

それは、遊びの中から始まるのかもしれない。

４●４「為末大学」という遊び方

為末が学ぶ、為末と学ぶ

遊びには、実にたくさんの不思議な要素がある。

遊びは真面目に転換し、真面目は遊びに変化する。（32頁）

ホイジンガは、そのように言う。

この言葉を、具体的な場にできたら面白いのではないか。

そんなことを、ずっと考えてきた。

そこで僕は、２カ月に１回ほどの「為末大学」というトークイベントを企画した。

司会進行は、僕が務めている。

「為末大学」では、人と人とが直接に出会い、一つのテーマをめぐって対話をする。

前々から、ぶっちゃけ系のコミュニケーションができないだろうかと考えてきた。それが、

「為末大学」を作る動機の一つになった。

バーチャルとリアル、その中間をつなぐ場。顔と顔をつきあわせて人が議論をする場。人が動いて、肉声が響いて、匂いも感じられて、空気感が伝わってくる場。発言によってどんどん場が変化し、遊びが真面目になっていく場所。そして、真面目が遊びへと変化していく時間が流れている大学。

最初は、「為末大が学ぶ」だった。

それが「大が学ぶ」のだから「大学」だということになり、「為末大学」というタイトルになった。つまりは、僕が学んでいるところを周りの人が眺める場というのが、当初のコンセプトだった。でも、あまりに言葉のゴロがいいので、「為末大学」に決まった。

２０１２年６月に「為末大学」はスタートした。

第１回目のテーマは「議論」。

第２回は「SPORTS × ART」。

第３回目は「SPORTS × BUSINESS」だった。

毎回、テーマに沿った専門家をゲストとしてお招きし、僕とテーマをめぐって対話をする。それに対して、会場からもいろいろな質問を出してもらう。質問にゲストが返答をしたり、互いの意見を交換し、会場とゲストと僕とが語り合ったりする。100名ほどの参加者が会場に足を運んでくれるが、ただ面白いから来るという人もいるし、勉強になるから来るという人もいる。

その両方が達成できる場所になればいいなと思っている。

第1回目の「議論」の時は、基本的にどんな意見を言ってもOK、というルールにした。少数派に回っても排除されないことを明解にした。少数派の意見には拍手する、というルールも設定した。

大半が賛成で、2人だけが「ノー」という意見も出た。「だれかから批判されちゃうんじゃないか」という怖さを外してあげると、けっこう少数派に回る人がいる。

黙っている人も、意見が無いわけではないことを知った。意見を言うべきかどうかを迷い、考えつつも、なかなか言葉には出せないだけ。そういう人が会場にたくさんいたことに気付かされた。

ビジネスマンの参加者が多いように見えたが、会社で少数派の意見が自由に飛びかう空気は、なかなかないだろう。

ツイッター上では、辛辣な言葉が交わされるというのに、リアルの場になると、とたんにおとなしくなる。表面上だけの言葉しか出てこない。本音をなかなか言おうとしないという人が多いように感じた。

日本人は議論があまり得意ではない。奥ゆかしさ、和を重んじることを尊いことと感じている。その文化も素晴らしい。でも残念ながら、インターナショナルの場では、そうはいかない。

世界が舞台になった時、はっきりと自分自身の意志を表示する必要に迫られる。日本人かどうかは関係なく、自分なりの論点を明確に整理し、言葉にして主張することが求められる。だから、もっとディスカッションの経験を持つことが、日本の若い人には必要ではないかなと思う。

「為末大学」では、議論も含めて自らを主張できる環境を整えたいと思っている。

手を挙げることでも、ツイッターでもいい。まずは、自分の考えをまとめて公にするという訓練が大事なのではないだろうか。

教養と遊びが融合する場

「為末大学」では、顔をつきあわせて、議論を交わしたい。

議論に参加するすべての人たちが、話しあうテーマを指標にしながら、地図上に自分の居場所を見つけていくような議論がしたいと思っている。

議論するからといって、欧米式のディスカッションをただ真似するつもりはない。

「為末大学」ならではの、日本式ディスカッションの良さというものを組み上げていき、ある独自なスタイルがつくれたらいいなと思う。

たとえば、ＡとＢという二つの意見に割れた場合。

アメリカ人なら、ＡとＢのお互いがお互いの矛盾点を突き合わせて議論を闘わせ、最終的に一つの結果を出すだろう。ヨーロッパ人なら、議論を弁証法によって処理し、一つのテーゼを導き出していくかもしれない。

だが、日本人にはそうした方法はフィットしないのではないだろうか。

『ＡはＡ』として、『ＢはＢ』として、お互いの存在理由を検証しあい、自分の考えがどの位置にあるのかを確認し、それぞれが自分の答えに近づいていく、そんな議論ができたらいいのではないだろうか。

「為末大学」では、今、大事にしていることがある。

1歩を2歩へ。

これまでとは別のやり方で考える。

別領域の人と出会って、対話する。

とりあえず、仮置きで始める。

予定調和にならない。


他人の言葉に触発されて、何か突拍子のないものが生まれてくる瞬間があるのではないか。そんな化学反応を創り出したい。

将来の夢としては、新しいスポーツをつくることを目標にして挑戦してみたい。

議論を重ねながら試しにスポーツを組み立ててみて、実際にそれをプレイし、ルールを改善し、またプレイを重ねていく中から新しいスポーツを生み出してみたい。そのプロセスの中で、議論や共感や哲学や創造を学んでいく学習プログラムが実現できたら、こんなに面白いことはないだろう。

僕は、学習の究極の形態は「遊び」ではないかと思っている。

遊びながら学ぶ、学びながら遊ぶ。

僕自身は学びのプロセスを、そのように進んできた。

面白いからやっていることが、そのまま学びにつながってきた。

「為末大学」が、教養と遊びとを融合させていくような、そんな場になればと思って続けていくつもりだ。

参加者の何かが揺さぶられるような「為末大学」になれれば、まずは成功だろう。

インターバル4

『タオ』――「本当の自分」など気にしない

道教の「胡蝶《こちょう》の夢」は有名だ。蝶になった夢を見た。でも本当に自分は夢の中で蝶になったのか、今の自分は蝶が見ている夢なのではないか、と迷う説話である。

先述したことだが、「自分」の輪郭がはっきりしないという感覚は僕も幼い頃から持っていた。ある日、母が昔の同級生と会うのについて行った。幼なじみと話す母は、自分の知っている母とは違う。「お母さんはだれなんだ?」と怖くなった。

長じて陸上選手となり、テレビに取り上げられると映像の中の自分に違和感を覚えるようになった。僕の実態はこんなに立派じゃないよ。そんなズレを感じるのだ。

でも道教(タオイズム)をわかりやすい詩にした『タオ』(加島祥造著、ちくま文庫)には、「まわりの人が/君のことをあれこれ言ったって/気にしなきゃいいんだ」とある。「本当の自分」など気にしなくていいのだろう。細胞は3カ月ですべて入れ替わると書いてある本もある。

昨日と今日の自分だって違うのかもしれない。

タオイズムは僕にとっては「許せ、手放せ、気にするな、考えるな、感じろ」ということ。本当にこんな境地に達するのは難しいが、一人で空想するのは好きで、「胡蝶の夢」の蝶のような何かが、自分の周りにいるように感じることもある。

第5ハードル

キャリアと「遊び感」

遊びの領域のまったく外にあるのが報酬である。
それは、奉仕を果たし、
労働を行なったことの正当な報いということだからだ。
この報酬を求めてすること、
それは仕事であって、遊びではない。

ホイジンガ

会社は遊びの場ではない。当たり前のことだ。僕は会社に入り、労働の対価として報酬をもらいながら走っていた。でも、僕という人間はどこかに「遊び感」がないと耐えられない性質らしい。結局、仕事として走っていた企業を退社して、プロの陸上選手になる道を選んだ。

為末 大

5-1 仕事と遊びが融合したプロ陸上選手

仕事と遊びの違い

23歳の時、僕は大学を卒業して大阪ガスに入社し、サラリーマン選手になった。

最初は、選手として活動する安定した環境が手に入ったことで、ほっと安堵していた。

でもしばらくすると、会社に所属することが別の苦労や難しさをともなうという、新しい現実が見えてきた。

入社後は、午前中だけ仕事をして午後は練習という定型の生活を基本にしていた。もちろん、選手としては申し分ない環境であり、ありがたいことだった。

けれども、毎日が同じ繰り返しだったため、単調に耐える力が必要だった。

それは、僕が一番苦手なことだった。

ちょうどその頃、一人で欧州グランプリのレースに参加するようになった。

オリンピックや世界陸上以外にも、ヨーロッパではいろいろな陸上レースが開催されている。陸上競技のショーのような雰囲気で、たくさんの観客がレースを見にやって来る。

参加する選手も、洗練されたアスリートといったタイプだけではなかった。実に個性的な人間たちが、レースに参加していた。

たとえば、カリブ海の国から出稼ぎに来ているという選手は、レースの賞金だけで家族全員を食わしている、と言った。

走ることだけで生きている彼は、何とかして多くの賞金を手に入れるために、まさにゴールに身体ごと飛び込んでいく。一家を支えていくために走るがむしゃらなその姿は、すごく迫力があった。

たとえば「欧州グランプリ1」といったトップクラスのレースを例にすると、1着は150万円くらいの賞金がもらえた。2位は100万円、3位で60万〜70万円程度と、少しずつ賞金が減っていく。そう、勝てば収入が増えるし、負ければ少なくなる。自分のその時の力が、そのままお金の額になる。

実にわかりやすい世界。シンプルなゲームだ。

一方、会社の給料はいかに頑張ろうとさぼろうと、毎月決まっている。仕事の内容も一日のカリキュラムも、安定していて確実だ。

ホイジンガは、遊びの要素には「緊張」「不確実」「不安定性」があるという。

緊張、それは不確実ということ、やってみないことにはわからない。（36頁）

それが遊びというものだという視点から見るなら、プロ陸上選手の生き方は、会社員に比べて格段に遊び的だった。

遊びの領域のまったく外にあるのが報酬である。それは、奉仕を果たし、労働を行なったことの正当な報いということだからだ。この報酬を求めてすること、それは仕事であって、遊びではない。（121頁）

たしかに、会社は遊びの場ではない。

それは、当たり前だ。

だから僕は、労働の対価として報酬をもらい、走っていた。

でも、僕という人間は、どこかに遊び感覚が存在していないと耐えられない性質らしい。

このまま会社に所属し、安定した環境の中で練習を続けていてもいいのか、という疑問がどこから沸いてきた。

「世界一になりたい」という夢があった。

その夢を実現する方法は何かを、僕なりに考えた。

もっとギリギリの環境に自分を置き、自分の力を試したほうがいいのではないか。

そう感じるようになっていった。

世界の陸上レースに参加しているうちに「僕もあのカリブの選手みたいに博打《ばくち》を打ってみたいな」とも思うようになった。

でも、それは無謀な選択でもあった。

当時の日本では、陸上選手として「プロ」になったのはたった一人、マラソンランナーの有森裕子さんだけしかいなかったのだ。

僕が「プロ選手になりたい」と口にすると、周囲は「やめたほうがいい」「生活できるのか」「考えなおしたほうがいい」と、いろいろ親身になって助言してくれた。

それでも僕は、考え抜いた末に入社1年半で退社し、プロの陸上選手になることを決めたのだった。

レースの賞金とかスポンサーからの収入だけで、僕は生計を立てていくことになった。

ところが、プロの活動がどういうもので、何をどうしたらいいのかがよくわからなかった。日本には、陸上選手がプロとして生きていく先例がほとんど無かったので、まったくの手探りだった。プロになりたての頃、自分とはそもそも何者なのかと自分に繰り返し問いかけていたことを覚えている。

試合へのエントリーの仕方もスポンサーへの売り込み方も、マネジメントフィーについても、何も知らなかった。すべてを一から、やりながら、覚えていった。

命令されてする遊び、そんなものはもう遊びではない。（29頁）

僕はプロ陸上選手への道を、自分の意志によって歩み始めた。

僕にとっての遊びがそうであるように、だれかに命令されたり誘われたりして始めたわけではなかった。

アスリート外交の役割

引退した当初、僕は「アスリート外交」に関連する仕事ができないだろうかと考えた。

「アスリート外交」とは、引退したスポーツ選手が国と国との間に入り、仲立ちをしたり互いの緊張を解きほぐしていく役割を担っていく仕事だ。

民主的な政治というものは案外、感情で動く部分が多い。そして、国民の感情というのは、文化活動やスポーツ活動に影響される面がある。それは多くの国民が、日常の中で実感していることでもあるだろう。東日本大震災が発生した年、沈み込んだ日本の空気を、なでしこジャパンの大活躍が元気づけたように。

だからこそ、スポーツ選手が他国と交流する役割を担うのには、意味があるのだ。

文化や習慣、政治体制や宗教などが違う異国同士が、互いをわかり合おうとする時にスポーツが果たす役割は大きい。

たとえば現在、反日の雰囲気が漂う中国でも、卓球の福原愛さんは中国人たちの間で絶大な人気を誇っている。その福原愛さんが中国の卓球界で活躍することによって、中国人の日本人への親近感が維持されている面は大きいといえるだろう。

一人の選手が、ある国の印象を創ったり変化させたりする事例はいくつもある。

そのような「アスリート外交」は、政治家の仕事とはちょっと違う外交アプローチだ。

1980年代に大活躍をしたセバスチャン・コーというイギリスの元陸上選手は、ロンドンオリンピックで組織委員会会長を務めた。彼などもまさしく「アスリート外交」を体現してきた人だろう。

引退した時、僕の中には、アメリカの大学に在籍して「スポーツ外交」について学ぶ、という選択肢も浮かんでいた。まずは現場がどんな雰囲気なのかを知りたいと思って、IOCのパーティーに出てみたことがある。

会場へ行って、驚いた。

金メダルを何個も獲ったような元選手が、ごろごろいたからだ。僕みたいな、世界陸上で銅メダルを2つ獲った程度の選手は、功績からしてなかなか相手にされないだろうと思い知った。それだけではなく、その選手が「どんな種目をやっていたのか」が力を持つ世界であることも知った。

たとえば、もともと欧米の貴族が楽しんでいた種目、近代五種とかカヌー、フェンシングといったスポーツは、外交上大きな力を発揮する。歴史性や文化性が重視される世界だからだろう。

日本で言えば、たとえば柔道が該当する。

伝統や文化といった重みがある種目には、相手国も敬意を払う。

でも僕は陸上選手だ。その僕が、国際舞台で外交に参画するインパクトを持つためには、どうすればよいのか。もっと多彩なキャリアやバックグラウンドが必要ではないかと感じた。引退後の仕事を考えるきっかけとして、この経験は役に立った。

僕は、「アスリート外交」だけにこだわるつもりはなかった。

今は、スポーツを何らかの形で社会問題の解決に役立てる仕事ができたらいいな、と考えている。

引退後に指導者になったり、芸能界で活動したりする人はたくさんいる。

でも僕の持ち味は、もっと別のところにありそうだ。

スポーツを体験した者だからこその、これまでにない形で社会にインパクトを与えられる世界が、どこかにあるのではないか。そんなスポーツ体験を活かした新しい仕事の領域が、きっとあると信じている。

手探りしながら、その世界を探している。

5-2 スポーツ選手のセカンドキャリア

引退後のセカンドキャリア

スポーツ選手の引退は、20代～30代と早い時点で訪れる。

引退したあとの人生のほうが長い。

ところが、引退してからさあどうしよう、と戸惑う選手たちがたくさんいる。

選手たちは、選手の時代に「ひとつのスポーツを一所懸命やれば、未来は拓ける」という話を聞かされて育つ。

でも、本当にそうなのだろうか。

日本で最も人気があるスポーツの一つ、プロ野球を見てみよう。指導者や解説者になった人が何人いるだろうか。数を数えてみれば、全選手のせいぜい数%しかいない。

それが現実だ。

夢を持つことは大切だけれど、現実は厳しい。

選手たちは、現役時代、自分のレースやゲームのことで精いっぱいかもしれない。でも、引退後の生き方についても早い時点で意識し、覚悟と準備をすることが大切だ。

スポーツ選手のセカンドキャリア支援は、日本ではまだまだ未成熟な分野だ。

社会の側も本人も、意識改革が必要だろう。

社会の中には、需要があってもそれを見つけ出せずにいたり、それに対応する方法が見つかっていないケースがいっぱいある。たとえば引退したスポーツ選手が、そうした潜在的なニーズにうまく対応していく方法は見つけられないだろうか。新しい可能性は、社会のあちこちに眠っているのではないか。

もし、スポーツを使ったさまざまなプログラムが、今の社会のニーズと合致すれば、選手にとっても社会にとっても良い仕事が生まれるのではないだろうか。

小学生の頃、熱中していたゲームソフトを使って小遣いを稼いだことがあった。

僕の住んでいる街と隣の街とでは、中古ゲームソフトの価格が違ったのだ。そのことに気付いたことが、小遣い稼ぎへとつながっていった。

近所で中古ゲームソフトを買って、隣街まで持っていって売れば儲かるじゃないか。

そうやって小遣いを稼ぎ出した。

小遣いが手に入ったことも嬉しかったけれど、僕は何よりも、その「仕組み」を発見したことで得意な気持ちになった。「隙間にチャンスを見いだしたい」という志向は、子どもの時も今も変わらない。

スポーツが、新しいビジネスを創り出せる予感がある。

だから、いろいろな人に会って交流し、対話を重ねている。

機会を見つけて他の領域を覗《のぞ》いたりしながら、新しいフレームを創り出したいと思う。

「経営」という言葉の意味が「社会に価値を提供するもの」だとするなら、スポーツを使いながらいかに新しい経営の枠組みを創り出すことができるのかを考えたい。

編集コンシェルジュへの道

人気選手は、その知名度を利用してセカンドキャリアを生き抜いていく。

でも人気や知名度は、時間とともに薄まっていく。

賞味期限切れのリスクを抱えた選手は、どんな対処方法を考えたらいいのだろうか。

僕自身、引退してまだ1年程度しか経っていない。今は引退特需であったり期限付きの人気のような不確かなものによって、たしかに仕事は持続している。

けれども、それだってせいぜい1年半か2年程度しかもたないだろう。

自分で生きていける形を作り道を切り拓いていくことが、すごく重要だと思う。

ある時僕は、身体に関する相談を受ける機会がとても多いことに気付いた。

たしかに、そうだ。僕は陸上のプロだけれど、これまでの競技人生や身体へのアプローチを振り返ってみれば、「身体と心の実践研究の専門家」という可能性だって開けるのではないか、と気付いた。

僕だけではない。アスリートならみんな、厳しい練習を重ね、試行錯誤しながら身体を探り、頂点をめざしてきた。そのための感覚も磨いてきたはずだ。そうしたアスリートの身体は、「感覚センサーの集積物」だと言うこともできる。

たとえば、僕は足の裏の感覚にそれなりの自信を持っている。靴を履いた状態で小さな石を踏んでも、すぐにその感触を感知できる。トレーニングを重ねていく過程で、身体を探ってきたからだ。身体のセンサーは鍛え上げられ、ずいぶん繊細になった。ほんの少しの変化も、即座にとらえられるような鋭さが備わった。

自分の筋肉に随意筋と不随意筋があり、どこまで自分の意志や感覚で筋肉が動くかということも知っている。意識が及ぶ領域と及ばない領域とを、区分けできている。

そんな独特な身体を持つアスリートを、社会の中で活かすことはできないだろうか。

言ってみれば、〝ボディ・マイスター〟だ。

ボディ・センスにものすごく長けた人間として、その能力を武器にできないだろうか。

アスリートという資源を、日本の社会はまだ活かしきれていないのではないか。

そう思うようになった。

たとえば、元オリンピック選手が幼稚園の先生になってもいいはずだ。

あるいは、子どもたちの身体や感覚の能力を伸ばすような、新しい教育プログラムの開発に参画することだって、有効かもしれない。

あるいは、新商品開発の現場に役立つかもしれない。

医学の研究現場でも、何かの役に立つことはあるだろう。

そういう可能性を、さまざまな分野を対象にして広げていきたい。

僕ができそうな役割がもう一つある。

それは「編集者」になることだ。

これまでの社会では、テレビ局や新聞・出版社が集めてきた情報を取材し、裏付けをとり、編集して提供してくれていた。記事に大きな見出しをつけて「このあたりが重要だよ」「これが主題だよ」と読み方まで教えてくれた。

読者はそれに沿って記事を読めば、社会のあり方がだいたいは摑《つか》めた。

でも今は違う。

インターネット、ソーシャルメディアが出現し、情報はすさまじい量に膨れあがっている。

情報の内容や読み方が難しくて見えにくい。どの情報が、何とどう関係しているのかもわかりにくい。

ありとあらゆる情報が、カオス状態になって私たちの目の前に広がっている状態だ。何が本当で何がウソか、その出来事をどう解釈したらいいかがわからない。

そんな状態の中では、情報を整理したりまとめたりする、編集者の役割が求められる。編集者とは、情報を意味づける人と言ってもいい。

僕らのような「身体の専門家」は、そんな編集的な役割の一助を担うことができるのではないだろうか。

たとえば「女子柔道の選手たちが体罰を告発しました」というニュース。

その出来事を、いったいどう理解し、何と結びつけて考えるべきなのか。

スポーツと体罰。学校教育と体罰。体罰と教育委員会。政治と体罰。それぞれ、何がどう共通していて、どこがどう関係しているのか。それとも、何が違っているのか。

どういう文化、どんな制度の中から出来事は生じているのか。

おそらく僕らの役割があるとすれば、「スポーツと身体」という視点から情報を整理し編集していくことではないかと思う。

事件や出来事や物事を、どう見ることができるのかという軸を提示すること。

絶対的な真実に迫るのではない、僕の目から見た仮説を描いて見せること。

僕自身の視点からしか見えてこない、新鮮な認識を語ること。

その切り口が、さまざまな情報を処理し、複雑な現実を読み解いていくヒントを発見する一助になること。

そして対象への理解を深め、問題を解決へと導いていく参考になること。

そんな「編集コンシェルジュ」としての役割が、僕には果たせるのではないかと思っている。

5-3 ビジネス世界の中にあるヒント

サンク・コストという考え方

経済学では、すでに支払ってしまって戻ってこない費用・労力・時間のことを「サンク・コスト」と言うらしい。

英語でサンクとは、「埋没」の意味だ。

「サンク・コスト」とは、つまり埋没した費用。

すでに投資をしてしまった資金は、取り返せないことを意味している。だから、「無かったもの」として考える。そういう割り切りが、ビジネスを成功へと導く一つのコツなのだという。

「サンク・コスト」という概念を教えてもらった時のことだ。

仏教や禅宗の教えの中にも、似たような概念があるのではないかとひらめいた。

たとえば、少し前にブームになった「断捨離」は、捨てるということの意味や意義を教えている。あるいは禅宗で「念を継がない」という言葉もあるという。すでに起こってしまった出来事を、いくら頭の中で繰り返し考えても意味がない。だから「念を継ぐな」と教えている。

結局、人の苦しみの根源を探っていくと、過去に起きたどうにもならない出来事に対してこだわっている自分の存在を見いだす。過去に対して、いかに対処するか。それが人生における大きな問題なのだ。

仏教はさまざまな言葉で、その対処方法を教えているのではないだろうか。

「サンク・コスト」と、どこか似てはいないだろうか。

アスリートが引退してセカンドキャリアを考える時に、この「サンク・コスト」の概念はすごく役立つのではないかと僕には思える。選手時代はだれもが期待を一身に受け、競技一辺倒の世界で一所懸命にやっている。そしてある時、引退することになるのだ。

その瞬間は、突然やってくる。

日々練習と競技を繰り返してきた選手たちは、何の準備もしていない。

それまで背負ってきたものをさっさと片付け、次の新しいステップに踏み込むということはなかなか難しい。

人気や過去の成績に縛られていると、未来にプラスではない。

それがわかっていても、人は努力と栄光の過去から、なかなか自由にはなれない。

> 競技の結果とは、ただ遊ぶ者自身の問題である。……遊びが成功した、あるいはうまくいったという観念的事実である。この「成功」が、遊ぶ者に対して長短の差はあっても、暫くのあいだは持続する満足をもたらすのである。
> （118頁）

ホイジンガのこの言葉で特に重要なのは、「**ただ遊ぶ者自身の問題である**」という部分だろう。スポーツ選手にとっては、勝つとか新記録を出すという成功体験は喜ばしいもので「**暫くのあいだは持続する満足をもたらす**」ものだ。

だが、それがあまりにも大きなインパクトだと、なかなかその体験を忘れることができなくなる。意識の中には、自らが続けてきた努力の量と、偉大なことをなしとげたイメージが刻み込まれている。

成功の大きさは、だが次の新しい一歩を踏み出す障害にもなってしまう。

その時、もし「サンク・コスト」の概念を知っていたとしたら、どうだろう。

努力や成果を、一瞬にして過去の出来事として処理できたら、どうだろう。

アスリートたちが、セカンドキャリアへと真っ直ぐに一歩踏み出す力になり、ポンと背中を押してくれる力にもなるのではないだろうか。

経済学とは、一つの選択をどう認識するか、どう意味づけするかを科学する学問だと思う。

一方で仏教は、生きる苦しみを分析して、その対処法を教えている。

「サンク・コスト」という考え方の中に、両者の共通点を見つけた時、僕はワクワクした。

考える楽しさを知った。ビジネスを指南する言葉の中に仏教の教えを見つけ、それがアスリートのセカンドキャリアへの道を後押ししてくれる言葉であることを知った。

経済、宗教、スポーツは一見まったく違う分野に区分けされているけれど、領域を「またぐ」ことでいくつもの発見ができるのだ。

それを見つけることは掛け値なしに楽しいし、生きる上で大切な知恵を発見できると思う。

付加価値とリーダーと遊び感覚と

ところで話は変わるが、経済産業省が、「クール・ジャパン／クリエイティブ産業政策」に取り組んでいる。クール・ジャパンとは、日本の文化が海外で評価を受ける時に使われる言い方で、当初は秋葉原に代表されるマンガやアニメ、また渋谷や原宿の若者ファッションなどのポップカルチャーを指していた。それが今では、日本食や伝統工芸品など広く日本文化を指す言葉になってきた。

そこで経済産業省としては、これからも成長が見込める戦略産業分野として、世界への進出を促していこうと、「クール・ジャパン／クリエイティブ産業政策」の国外への発信を進めているのだ。どうやら、ポップカルチャーを中心にした海外展開をめざしているらしい。

日本も、もっと付加価値型のビジネスを創造する必要があるということだろう。

付加価値という言葉は、経済学で言えば、新たに生み出した価値、付け加えられた価値のことだ。

では、その言葉の原点に立ち返った時、何が見えてくるのか。

そもそも付加価値とは、何を示しているのだろうか。

カバンを例にして考えてみよう。

カバンとは、「物を入れる」という機能がまず第一に大切だ。

でも、ルイ・ヴィトンのカバンを見ると、数十万円という価格がついている。

それは、物を入れるという機能に加えて、さまざまな付加価値がついているからだろう。

それがルイ・ヴィトンのブランド価値であり、それはカバンという機能に付け加えられた付加価値なのだ。

人は付加価値に高いお金を支払って、満足をしている。

機能面からつきつめてみれば、ブランドという付加価値はある種の「ムダ」であり「遊び」的だと言うこともできる。

これからの社会は、「使えればいい」ということと、高くても「ムダ」なものに対価を払うこととの二極化が進んでいくだろう。

必要なものは100円ショップで揃《そろ》う。そのおかげで消費しなかった分のお金は、付加価値の高いものに投入する。多くの人が、「ムダ」に対して喜んでお金を払う時代になったのだ。

だが「ムダ」とは、文化でもある。

デザイン、色彩、装飾、ストーリー性、歴史性、それらは機能ではなく、みんなブランド価値だったりする。だからムダは、遊びでもある。今、時代が遊びを求めている。ある程度の生活の基本が整うと、人の気分は遊ばざるをえないほうへと進んでいくのかもしれない。

いや、ムダと戯れていたのは現代人だけではない。

縄文時代の土器からして、燃え上がる炎を象《かたど》ったような火焔型の装飾が際立つ。ただ水を入れるだけの壺《つぼ》なら、なぜあれほどまでに飾りたてたのだろうか。

宗教的な儀礼に使われていたとしても、あの装飾はあまりにもムダではないか。

でも僕は、装飾性豊かな土器を見ていると、ホイジンガの言葉を思い出す。

生という観念が、遊びそのものと結びつくのである。かつては表現の言葉すらもたなかった遊びが、こうして詩的形式を帯びるようになる。（51頁）

生きることと遊びとは、そもそも分かちがたく結びついていたはずだ。

5 4 子どもたちの体感を育てる

通過儀礼

ネイティブ・アメリカンの通過儀礼の話を聞いたことがある。

僕はその時、すごい刺激を受けた。

ネイティブ・アメリカンの子どもたちは、16歳になると、難しい課題を乗り越えなければならなくなる。その通過儀礼を終わらせなければ「大人」にはなれないらしい。

たとえば、三日三晩続けて歩き通すという過酷な課題がある。

穴を掘って首まで埋まり、生きてきた16年間を振り返るという課題もある。仮の死をそこで迎える。

自分は何を得て、何に満足しているのかを、穴に埋まりながら考える。次の朝が来たら、今度はこれからどう生きていくのかを考える。そしてまた、長距離を歩く。そうした難題が次々に課せられるのだという。

いわば、16歳にして「死と再生のプロセス」を疑似体験するのだ。

それはきっと、すごく意味の深い体験に違いない。

今の時代の日本に生まれた子どもたちは、ネイティブ・アメリカンのような儀式を体験する機会もなければ、周囲も社会もそんなことを求めてはいないだろう。

けれども、日本の子どもたちが、自分の身体を自由に動かして遊ぶ空間・時間すら手に入れにくいとすれば、重大な問題ではないだろうか。

幼い時、思う存分遊ぶという時間を、子どもたちが奪われてしまっているのだとしたら。

僕は遊びながら、自分の身体がどうなっているのかを探ってきた。限界や可能性も体感的に理解していった。それは、今生きている上で、とても大切な土台になっている。

子ども時代というのは、身体的な体験が何よりも大切ではないだろうか。

たとえば、走りながら目の前の障害物を見て、即座に「この高さは飛び越えるのか、くぐるのか」とジャッジメントできる身体経験と知恵を持った子どもたちが、今のこの時代に、どうやったら現れてくるだろうか。

「この高さを越えられるかどうか」は、論理的な判断ではない。

身体感覚と感性による判断だ。

瞬間の判断を左右するそうした力を培うためには、たくさんの身体的体験を積み重ねていくしかない。危ないものが危ないとわかること、危なくないものは大胆にトライすること、そうした感性を持った子どもたちが育っていないとしたら、どうしたらいいのか。不必要に怖がって何もできなかったり、反対に突拍子もない危険を冒したりすることが、突然発生するかもしれない。

子どもの発達について研究をしている人からこんな話を聞いた。

子どもたちがカルタ取りをしている時、途中で間違いに気付いてさっと手を止められる子と、間違いに気付いても止めることができない子がいるのだという。カッとなって頭にきた時、人を殴ってしまう子と、そうしないで済む子がいるという。そうした違いがどこから生まれてくるのか。自分の動きにブレーキがかけられるかどうか、制御できるかどうかは、身体的体験の積み重ねと深く関係しているのではないだろうか。

僕らは、そういう抑制をロジックで行っているわけではない。

無意識下に蓄積してきた、さまざまな体感的データを統合して、制御しているのだ。

教科書的な学習では、決して身に付かない能力がある。

僕はそうした能力の土台を、子どもの頃に遊びの世界から獲得していった。

僕にとっては遊びの時間が、身体的体験を積み重ねていくための通過儀礼だった。無意識の中で獲得していく体感的な学びを、何とかして子どもたちに伝えたい。現代の子どもたちが、実際に身に付けていくことができるプログラムを提供できたらと思う。

身体的経験

そこで僕は今、友人とともに、新しいビジネスに挑戦しようとしている。廃校になった学校を活用したビジネスを立ち上げようと、頑張っている最中だ。少子化の影響で、全国で廃校が増えている。これから5年間に日本の各地で２０００校ぐらいの廃校が出てくるという。学校の校舎は賑《にぎ》やかな街の中にあったり、海や山など自然環境の豊かな絶好のロケーションにあったりする。しかも、プールや体育館、グラウンドなどがきちんと揃っていることが多い。

それらの廃校を、時代遅れの建物として扱うのは、あまりにもったいない。廃校は、「各種の運動ができる、立地条件の良い施設」なのではないか。そうとらえてみると、いろいろな可能性が見えてくる。

使わなくなった学校を、資源として上手に利用する道はあるはずだ。

地域が元気になるような、街おこしの要素も含んだ活用ができたら素晴らしい。

今僕たちが考えているビジネスの舞台は、箱根の旧仙石原中学校跡地だ。

校舎を宿泊施設に転用して、子どもたちが身体を動かしたりキャンプや山道を歩くといった、さまざまな身体的経験のできるプログラムを提供するビジネスを考えている。

これからの時代は、少子高齢化によって社会が大きく変化していくだろう。

身体的経験の提供は、子どもたちへの教育分野だけに止まらなくなる。トレーニングの普及によって、高齢者の医療費を削減するといったプログラムも求められるだろう。スポーツイベントで地域コミュニティを再構築していくプランも、いろいろと考えうるはずだ。

僕は小さい頃から、みんなが時間を忘れるほど熱中する遊びをどうやったら創り出せるかに特別な関心を注いできた。

みんなが遊んでいる様子を外から眺めては、盛り上がっているかどうかを観察していた。

遊びの責任を自分が背負っているという、不思議な感覚を持ちながら遊んでいた。

どうしたら面白く遊べるのか。

そう考えては新しいルールを加え、決め事を変更し、場所やメンバーを変えたりした。

子どもたちの中で、そんなふうに遊びのファシリテーターをしてきた経験は、今でも僕のモノの見方を支えてくれている。遊びそのものをデザインする役割を担ってきた経験は、今の僕の思考や行動をはじめ、文章やビジネスにも活かされている。

ちょっと風変わりなそんな僕の遊びのセンスを、これからの社会に投入していきたい。遊びの中で培ってきた感覚や哲学は、ハードル競技で獲得してきたメダルよりももっと大きな成果を、僕に提供してくれるだろうと期待している。

大好きな遊びから、きっと大きな可能性が開かれていくに違いない。

インターバル5

『アフォーダンス』――ハードルが僕を跳ばせた？

私たちはどの程度自分の意志で動いていて、どの程度自分自身をコントロールしているのだろうか。日常生活でそんなことを疑う機会なんてほとんどないけれど、競技をしている時は時々どれが自分の本当の意志かわからなくなる時がある。

たとえば超集中状態で競技をしている時は、勝手に身体が動いているのを意識が追いかけるように感じることがある。ハードルを跳ぼうとするのではなく、いつの間にか自分が跳んでしまっていて、そのことに後から気付く。

高いレベルで競技を行うと、意識的にどうこうしてやろうというのは役に立たないどころか、むしろ自然な動きを阻害する。自分の身体に任せてしまったほうがうまくいく。

身体に委ね切った時、ハードルを僕が跳ぼうとしているのか、ハードルが僕を跳ばせたのか、僕は混乱した。まるで考え事をしながらでも、人がすっと障害物をよけるように、何も考えていない、つまり自意識がはっきりしていない僕がハードルを越えていったのだ。

考えてみると、人間の意識の領域は思ったよりも大きくない。右足を出して体重を移して、なんて人は考えていない。身体はひたすらに自動的に同時に複合的に動き、そして人間の意識はいつも何か一つのことに捉われている。

人は夢中の最中、頭ではなく身体に委ねているのだと思う。そしてその時、自分が遊んでいるのか、それとも周囲の環境が遊ばせているのかなんて、私たちにはわからないのだと思う。

「アフォーダンス」という言葉を知った時、僕のこうした感覚にぴったりの概念だと思った。詳しく知りたい人には、心理学者のジェイムズ・J・ギブソン『生態学的視覚論――ヒトの知覚世界を探る』（サイエンス社、1985年）や、佐々木正人『アフォーダンス――新しい認知の理論』（岩波書店、1995年）をお勧めする。

ゴール

「遊び感」の可能性

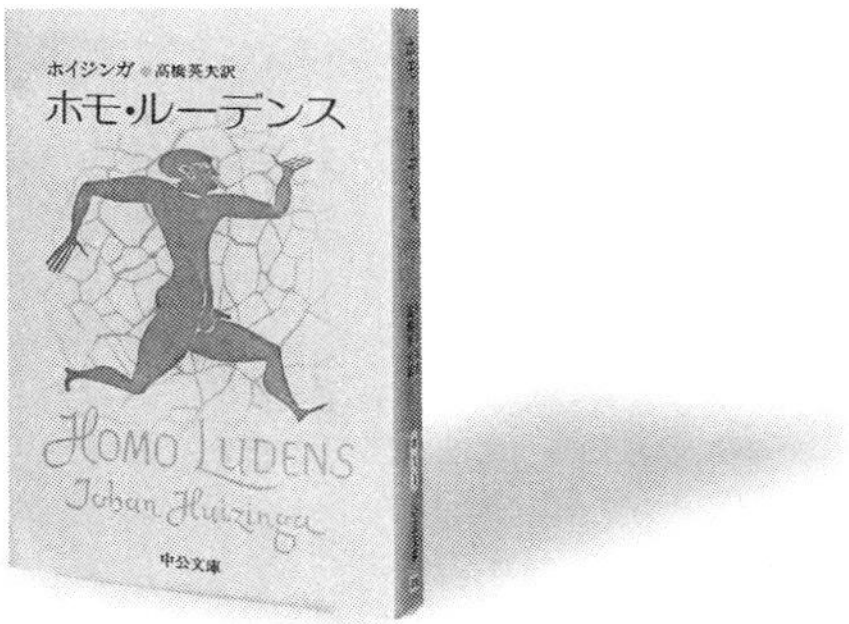

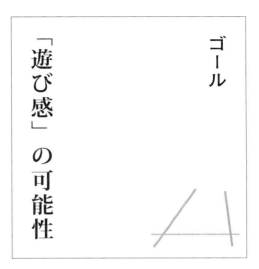

3月のこの時期、短距離王国のジャマイカではチャンプスと呼ばれる大会が行われている。19歳以下の選手が年齢ごとの各カテゴリーで鎬《しのぎ》を削るこの大会はジャマイカ中の注目の的で、なんとテレビ視聴率が80%を超える。3万人を上回る観客を見ながら、なるほどこの熱狂がジャマイカの強さの秘密かと妙に感心した。彼らはひたすらに速く走ることを楽しんでいる。

初めて『ホモ・ルーデンス』を僕が読んだのは20代中盤の頃だったろうか。日本代表というポジションがようやく定着した頃で、少しずつその重責を感じはじめていた。自分の陸上競技が自分だけのものではなくなり、みんなの夢と期待を背負って走っている。それはアスリートとしては誇らしくて、夢に描いていたことだけれど、でも実際に体験するとその責任が息苦しくもあった。

『ホモ・ルーデンス』に書いてある遊びの世界。それはまさに僕が競技を始めた頃感じていた世界で、そして現役の間中ずっと自分の内なるモチベーションを支えてくれたものだった。楽しいから走っている。走りたいから走っている。久しぶりにその感覚を、僕に蘇らせてくれたのが『ホモ・ルーデンス』だった。

「遊び」と聞くと、大方の日本人は、真面目の対極だと感じてしまうけれど、実際には遊びは真面目と共存しうる。一所懸命に子どもは遊ぶし、大人も大真面目に休日の趣味の時間を過ごす。遊びは決してふざけることではなく、むしろ我を忘れて何かに熱中することだと僕は思っている。

遊びは遊び自体が目的で、自主的であり、義務感に弱い。大人の仕事が遊び化しにくいのは、目的があり、組織の都合があり、期限とノルマがあり、クオリティをある一定以上保たなければならないからだと思う。それは仕方のないことだろう。そしてこれまでの社会であれば、ある程度人が淡々と作業をこなすことで産業は成り立ってきた。

ところが最近になり、コンピューターや機械の発展で、人間が行っていた作業的な部分が随分取って代わられるようになった。もはや単純作業は〝効率がいい〟という理由で、人間を使う必要がなく、その傾向は加速しつつある。じゃあ、一体人間はどんな役割をこれから担うのだろうか。

遊びは効率的ではない。寄り道をしたり、時々突拍子も無いことをしてしまったり、もしくはそもそも意味がなかったりする。なぜなら遊びは遊びそのものが目的で、人は遊ぶために遊んでいるからだ。だから作業のようなものに「遊び感」は組み込みにくい。

でも、イノベーションやクリエイティビティというのが大事だと言われる時代に入り、この「遊び感」がそれらに大きく影響しているのではないかと僕は感じている。生真面目にこれまでの文脈の延長線上に何かを積み上げていくだけでは、どうしてもイノベーションは起きにくいし、クリエイティビティも生まれにくい。

人間にしかできないことがこれから先の社会に求められているとしたら、僕は遊びの中にヒントがあると思っている。遊びで磨かれた五感的な直感、遊びを入れる感覚、楽しいという気持ち。例えばiPhoneなんていうものは、僕には「遊び感」の産物のように思えてならない。

大人が遊び続けるのはとても難しい。社会から役割を与えられ、常に目的を問われ、ノルマに追われる社会の中で遊び続けることはとても難しい。でも、その中でどう遊ぶかというのが人間の知恵であり、また人間にしかできないことなのではないだろうか。

僕の競技人生は30歳以降下り坂で、競技では思うような結果が出なかった。それでも自分自身の身体の仕組みを探る旅はとても興味深くて、終盤になればなるほど理解は深まった。そして何より、それは面白かったのである。

奇《く》しくもさまざまなテクノロジーの発達で、人間にしかできなかった領域が少なくなってきている。この先に一体何が待っているのか。そして、そもそも人間とは何だろうか。人間らしいとはどういうことだろうか。

英語で遊びとはplayと書く。演奏することも、演ずることも、競技をすることも、すべてplayで表現される。おおよそ人が何かを表現することはplayという言葉で括《くく》られている。人間のありようそのものが問われる今、僕は遊びの領域にこそ人間らしいものを見ている。私たちは本来的に、何かを表現したい生き物で、そしてまた誰かの表現を受け取ることで、新たな表現が生まれる。

人間とは遊びたいもので、そして遊ぶことにより、人間はより人間らしくなるのだと僕は思っている。

2013年3月

為末 大

本書は、2013年5月に刊行した中公新書ラクレ『「遊ぶ」が勝ち――『ホモ・ルーデンス』で、君も跳べ！』に、「新装版まえがき」を書き下ろして加えました。

編集協力／山下柚実
本文DTP／市川真樹子

ラクレとは…la clef=フランス語で「鍵」の意味です。
情報が氾濫するいま、時代を読み解き指針を示す
「知識の鍵」を提供します。

中公新書ラクレ
684

新《しん》装《そう》版《ばん》
「遊《あそ》ぶ」が勝《か》ち

2020年3月25日発行

著者……為末《ためすえ》 大《だい》

発行者……松田陽三
発行所……中央公論新社
〒100-8152 東京都千代田区大手町 1-7-1
電話……販売 03-5299-1730　編集 03-5299-1870
URL http://www.chuko.co.jp/

本文印刷……三晃印刷
カバー印刷……大熊整美堂
製本……小泉製本

Published by CHUOKORON-SHINSHA, INC.
Printed in Japan　ISBN978-4-12-150684-9　C1230

中公新書ラクレ　好評既刊

L493

駆け出しマネジャーの成長論
――7つの挑戦課題を「科学」する

中原　淳 著

「突然化」「二重化」「多様化」「煩雑化」「若年化」とよばれる5つの職場環境の変化で、いま3割の新任マネジャーはプレイヤーからの移行に「つまづく」。成果を出すためには、何を克服すべきか？　人材育成研究の知見と、マネジャーたちへの聞き取り調査をもとに「マネジャーになることの旅」をいかに乗り越えるか考える。２０１４年度「ＨＲアワード」にノミネートされた作品。

L574

嫉妬と自己愛
――「負の感情」を制した者だけが生き残れる

佐藤　優 著

外務省時代に何度も見聞きした「男の嫉妬」。作家として付き合う編集者たちに感じる「自己愛の肥大」。自分自身をコントロールできない人は、学校や会社など実社会で大きな軋轢を起こし、周囲は多大な迷惑を被ることになる。このような〝困った人〟とはどう付き合えばいいのか。自分がそうならないためには何をすべきか。文学作品の中に描かれた嫉妬と自己愛を読み解き、専門家との対論を通じて、誰もが内に抱える「負の感情」の制御法を考察する。

L576

声優道
――死ぬまで「声」で食う極意

岩田光央 著

いまや「憧れる職業」となった「声優」。アニメなどの従来の仕事に加え、歌や舞台へ活躍の幅が広がった。しかしその結果として志望者が激増した一方、生計を立てられる人が激減したと、ベテラン声優の著者は警鐘を鳴らす。そこで「声優」の実情や、声で生きていくための「極意」を伝授！　著者はなぜ業界で30年以上生き残ることができたのか？　これからの時代の声優に求められる資質とはいったい？　声優志望者30万人「必読の書」！

L585

孤独のすすめ

——人生後半の生き方

五木寛之 著

「人生後半」を生きる知恵とは、パワフルな生活をめざすのではなく、減速して生きること。「前向きに」の呪縛を捨て、無理な加速をするのではなく、精神活動は高めながらもスピードを制御する。「人生のシフトダウン＝減速」こそが、本来の老後なのです。そして、老いとともに訪れる「孤独」を恐れず、自分だけの貴重な時間をたのしむ知恵を持てるならば、「人生後半」はより豊かに、成熟した日々となります。話題のベストセラー!!

L586

アドラーをじっくり読む

岸見一郎 著

ミリオンセラー『嫌われる勇気』のヒットを受けて、アドラー心理学の関連書が矢継ぎ早に出版された。しかもビジネス、教育・育児など分野は多岐にわたっている。だが、一連の本の内容や、著者に直接寄せられた反響を見ると、誤解されている節が多々あるという。そこで本書は、アドラー自身の原著に立ち返る。その内容をダイジェストで紹介しながら、深い理解をめざす。アドラーの著作を多数翻訳した著者ならではの、完全アドラー読書案内。

L592

平成のビジネス書

——「黄金期」の教え

山田真哉 著

「失われた20年」から脱出するヒントを本に求めた読者。出版不況を克服しようとあがいた出版社。両者の思惑がマッチした2000年代は「ビジネス書黄金期」だった。そんな時代の今なお読み継がれる名著から、テクニックを凝らした本まで多数紹介。当時、『さおだけ屋』はなぜ売れたのか？　現在、『サピエンス全史』等のハードな翻訳書が売れている背景とは？　ビジネス書の栄枯盛衰から、出版界の展望を大胆に予測する。

L596

人生が輝く選択力

——意思決定入門

印南一路 著

就職・転職に仕事や買い物、さらには恋人選びなど「正しい選択をしたい」と思いつつも、「誤った」という経験は誰でもあること。そこで慶應義塾大学教授で、意思決定論の権威である筆者に依頼。悩みがちな場面において、限りなく「正しい選択」をするための技法を伝授！　完ぺきな選択肢が無いときにどう選ぶ？　膨大な情報が入手できる昨今、必要なものを瞬時に選ぶには？　集団の意思決定を掌握する方法とは？　人生は「意思決定」の連続だ！

L601

ひとまず、信じない
――情報氾濫時代の生き方

押井　守　著

世界が認める巨匠がおくる幸福論の神髄。ネットが隆盛し、フェイクニュースが世界を覆う時代、何が虚構で何が真実か、その境界線は曖昧である。こういう時代だからこそ、所与の情報をひとまず信じずに、自らの頭で考えることの重要さを著者は説く。幸せになるために成すべきこと、社会の中でポジションを得て生き抜く方法、現代日本が抱える問題についても論じた、押井哲学の集大成とも言える一冊。

L616

読む力
――現代の羅針盤となる150冊

松岡正剛＋佐藤　優　著

「実は、高校は文芸部でした」という佐藤氏の打ち明け話にはじまり、二人を本の世界に誘ったセンセイたちのことを語りあいつつ、日本の論壇空間をメッタ斬り。既存の価値観がすべて潰えた混沌の時代に、助けになるのは「読む力」だと指摘する。サルトル、デリダ、南原繁、矢内原忠雄、石原莞爾、山本七平、島耕作まで?! 混迷深まるこんな時代だからこそ、読むべきこの130年間の150冊を提示する。これが、現代を生き抜くための羅針盤だ。

L634

人生の十か条

辻　仁成　著

作家で、ミュージシャンで、一人の父、辻仁成氏。多様な活動を前に生じた想いをツイッターやWEBサイトを通じて発信している。この新書は、その辻氏が配信して反響を呼んでいる「十か条」に、書き溜めたコラムやエッセイを合流、大幅に加筆編集をしたもの。悩んだときや壁にぶつかったとき、あなたはどう考え、そしてどう行動するべきか？　不運、トラブル、人間関係。どんなに辛いことも、この「十か条」があれば、きっと大丈夫。

L637

新装版　役人道入門
――組織人のためのメソッド

久保田勇夫　著

中央官庁で不祥事が相次ぎ、「官」への信用が失墜している。あるべき役人の姿、成熟した政と官のあり方、役人とは何か？　「官僚組織のリーダーが判断を誤ればその影響は広く国民に及ぶ」。34年間奉職した財務官僚による渾身の書を緊急復刊！　著者の経験がふんだんに盛り込まれた具体的なノウハウは、指導者の地位にある人やリーダーとなるべく努力をしている若手など、組織に身を置くあらゆる人に有効な方策となる。